Psychologie für Studium und Beruf

Diese Buchreihe zu den Grundlagen- und Anwendungsfächern der Psychologie wird herausgegeben in Kooperation zwischen dem Fernstudiumangebot „onlineplus" der Hochschule Fresenius und dem Springer-Verlag. Alle Titel dieser Reihe wurden zunächst als Studienbriefe für die Fernlehre konzipiert und dann von den Autorinnen und Autoren für die Veröffentlichung in Buchform umgearbeitet. Dabei wurde die handliche, modulare Einteilung der Themen über die einzelnen Bände beibehalten – Leserinnen und Leser können so ihr Buchregal sehr gezielt um die Themen ergänzen, die sie interessieren. Dabei wurde größter Wert auf die didaktische und inhaltliche Qualität gelegt sowie auf eine äußerst unterhaltsame und alltagsnahe Vermittlung der Inhalte. Die Titel der Reihe richten sich an Studierende, die eine praxisnahe, verständliche Alternative zu den klassischen Lehrbüchern suchen, an Praktikerinnen und Praktiker aller Branchen, die im Arbeitsleben von psychologischem Know-how profitieren möchten, sowie an alle, die sich für die vielfältige Welt der Psychologie interessieren.

Weitere Bände in der Reihe ▶ http://www.springer.com/series/16425

Angela Wichmann

Quantitative und Qualitative Forschung im Vergleich

Denkweisen, Zielsetzungen und Arbeitsprozesse

 Springer

Angela Wichmann
Fachbereich Wirtschaft & Medien
Hochschule Fresenius
München, Bayern, Deutschland

ISSN 2662-4826   ISSN 2662-4834   (electronic)
Psychologie für Studium und Beruf
ISBN 978-3-662-59816-0   ISBN 978-3-662-59817-7   (eBook)
https://doi.org/10.1007/978-3-662-59817-7

Die Deutsche Nationalbibliothek verzeichnet diese Publikation in der Deutschen National-
bibliografie; detaillierte bibliografische Daten sind im Internet über http://dnb.d-nb.de
abrufbar.

Teile des Werkes sind vorab publiziert worden in: Wichmann, A. (2017). Ein Blick hinter die
Kulissen quantitativer und qualitativer Forschung. Studienbrief der Hochschule Fresenius
online plus GmbH. Idstein: Hochschule Fresenius online plus GmbH. Mit freundlicher
Genehmigung von © Hochschule Fresenius online plus GmbH 2017.

Springer ist ein Imprint der eingetragenen Gesellschaft Springer-Verlag GmbH, DE und ist
ein Teil von Springer Nature.
Die Anschrift der Gesellschaft ist: Heidelberger Platz 3, 14197 Berlin, Germany

Inhaltsverzeichnis

Einleitende Gedanken zur ganzheitlichen Gegenüberstellung quantitativer und qualitativer Forschung

Die Notwendigkeit einer ganzheitlichen Gegenüberstellung quantitativer und qualitativer Forschung

Literatur – 4

© Springer-Verlag GmbH Deutschland, ein Teil von Springer Nature 2019
A. Wichmann, *Quantitative und Qualitative Forschung im Vergleich*, Psychologie für Studium und Beruf, https://doi.org/10.1007/978-3-662-59817-7_1

1

Die Unterscheidung zwischen qualitativen und quantitativen Forschungsansätzen hat eine lange Tradition (Flick 2012). Deren Ursprünge gehen bis zu Aristoteles (384–322 v. Chr.) zurück, der neben quantifizierend-messenden Ansätzen auch qualitativ orientierte Einzelfallanalysen als sinnvollen Weg zur Erkenntnisgewinnung anerkannte (Crotty 1998). Im Laufe der Geschichte entwickelten sich beide Ansätze Seite an Seite, wobei jedoch spätestens seit der Aufklärung qualitative Ansätze oftmals im Schatten der quantitativen Ansätze standen und je nach Disziplin zum Teil auch nach wie vor stehen. Während sich beispielsweise gerade die Psychologie oftmals eher an den quantitativen Traditionen orientiert, hat sich unter anderem in der Soziologie die qualitative Forschung wesentlich früher als gleichwertig betrachteter Ansatz neben den quantitativen Verfahren etabliert (Zepke 2016).

Leidenschaftliche Anhänger quantitativer oder qualitativer Forschung, die dem jeweils anderen Ansatz nichts oder nur wenig abgewinnen können, gibt es nach wie vor auf beiden Seiten. Hug und Poscheschnik (2015) vergleichen die Entscheidung für eines der beiden Lager gar mit einem „Religionsbekenntnis" (2015, S. 86) und führen auch gleich eine Erklärung hierfür mit an: „(…), wir haben es mit einem Stellungskrieg zu tun, der von gegenseitigem Unverständnis gespeist wird" (Hug und Poscheschnik 2015, S. 86). Genau an diesem Punkt setzt das vorliegende Werk an, dessen Intention es ist, eine umfassende Gegenüberstellung der beiden Ansätze bzw. ihrer Unterscheidung zu vermitteln und dadurch zu einem ganzheitlichen, gegenseitigen Verständnis beizutragen. Denn Vorbehalte gegenüber der qualitativen Forschung bestehen oftmals vor allem dann, wenn diese durch die „Brille" der quantitativen Ansätze betrachtet wird, sprich mit den Qualitätskriterien der quantitativen Forschung bewertet wird, die jedoch oft nicht für die qualitative Forschung zutreffend sind. Gleiches gilt, wenn quantitative Forschung nach den Prinzipien und Kriterien qualitativer Ansätze bewertet und sozusagen durch eine qualitativ ausgerichtete Brille betrachtet wird. Durch eine qualitative Brille bekommt der Betrachter jedoch ein verzerrtes Bild quantitativer Forschung und anders herum.

Die verzerrte Betrachtung ist oftmals das Resultat einer Reduktion der Unterscheidung der beiden Ansätze auf die reine Methodenebene. Die Frage „Machen wir einen Fragebogen oder führen wir Interviews?", die Sie sich möglicherweise schon selbst einmal bei einem kleineren oder größeren Projekt gestellt oder diese im Austausch mit anderen gehört haben, ist eine Frage, die aus dieser rein methodischen Unterscheidung hervorgeht. Diese Unterscheidung auf der Methodenebene geht jedoch nicht weit genug. Die Differenzierung quantitativer und qualitativer Forschung umfasst wesentlich mehr als eine Entscheidung zwischen der Durchführung einer Umfrage per Fragebogen und einer Untersuchung mit Interviews. Genau darum, was dieses „wesentlich mehr" ist und ausmacht, wird es in diesem Buch gehen.

Auch wenn es jenseits von methodischen Differenzen immer mehr an Bedeutung gewinnt, quantitative und qualitative Vorgehensweisen in Form von „Mixed-Methods-Ansätzen" zu verknüpfen, ist es essenziell, durch eine analytisch-getrennte Betrachtung der beiden Ansätze zunächst ein fundamentales Verständnis für die Differenzierung sowie den Nutzen und Mehrwert des jeweiligen Ansatzes zu entwickeln. Das Ziel dieses Buchs ist es, Ihnen ein ganzheitliches Verständnis der Gegenüberstellung der beiden Ansätze zu vermitteln und Sie damit auch in die Lage zu versetzen, zu verstehen, bei welcher Art von Forschungsprojekt welcher Ansatz mehr Sinn macht. Ganzheitlich soll hier im Sinne einer Betrachtung der beiden Ansätze entlang des ganzen Forschungsprozesses einschließlich konzeptioneller Überlegungen zu einer Untersuchung verstanden werden.

Damit eignet sich dieses Buch insbesondere dann für Sie,

- wenn Sie beginnen, sich mit Forschungsmethoden zu beschäftigen und von Anfang an ein ganzheitliches Verständnis der Hintergründe der beiden Ansätze bekommen wollen.
- wenn Sie bereits praktische Erfahrungen in einem der beiden Ansätze gesammelt haben und auch den anderen Ansatz ganzheitlich verstehen wollen, oder
- wenn Sie schon fortgeschrittene Kenntnisse in beiden Ansätzen haben und zukünftige Projekte reflektierter durchführen wollen.

Wie wir in diesem Buch sehen werden, unterscheiden sich quantitative und qualitative Vorgehensweisen im Hinblick auf den kompletten Prozess der Konzeption und Durchführung eines Forschungsprojektes. Sie basieren auf grundlegend verschiedenen Denkweisen und Menschenbildern, verfolgen unterschiedliche Zielsetzungen und sind an einer anderen Art von Fragestellung interessiert. Sie verwenden unterschiedliche Wege, um die jeweiligen Fragen zu beantworten. Die Ergebnisse ihrer Studien sind unterschiedlicher Natur. Bei all dieser Unterschiedlichkeit liegt es auf der Hand, dass in beiden Verfahren auch der jeweilige Arbeitsprozess völlig anders abläuft. Lassen Sie uns diese Aspekte etwas genauer betrachten:

- **Anderes Denken**

Quantitative und qualitative Ansätze basieren auf völlig verschiedenen Denkweisen und Menschenbildern. Auch wenn diese oft verborgen bleiben, üben diese dennoch einen wesentlichen Einfluss auf den Forschungsprozess aus. Unsere Art zu denken und unsere Annahmen prägen das, was wir sehen, welche Fragen wir uns stellen, was wir wie untersuchen und wie wir mit unseren Ergebnissen umgehen. Daher ist es essenziell, einen Einblick in diese unterschiedlichen Denkweisen zu bekommen, um oftmals Unbewusstes im Hinblick auf den Forschungsprozess bewusster wahrnehmen und reflektieren zu können.

- **Andere Zielsetzungen**

Ausgehend von den verschiedenen Denkweisen und Menschenbildern, die das wissenschaftstheoretische Fundament eines quantitativen oder qualitativen Ansatzes bilden, setzen sich Forschende im Untersuchungsprozess unterschiedliche Arten von Zielsetzungen. Diese verschiedenen Ziele und damit einhergehenden unterschiedlichen Fragestellungen, die in einem Projekt untersucht werden, ziehen wiederum unterschiedliche Strategien zur Zielerreichung und Beantwortung der Forschungsfragen nach sich. Ebenfalls führen sie zu unterschiedlichen Arten von Ergebnissen.

- **Andere Arbeitsprozesse**

Unterschiedliches Denken in quantitativer und qualitativer Forschung und unterschiedliche Arten von Zielsetzungen resultieren letztlich in völlig unterschiedlichen Arten zu arbeiten und Forschungsprozesse zu gestalten.

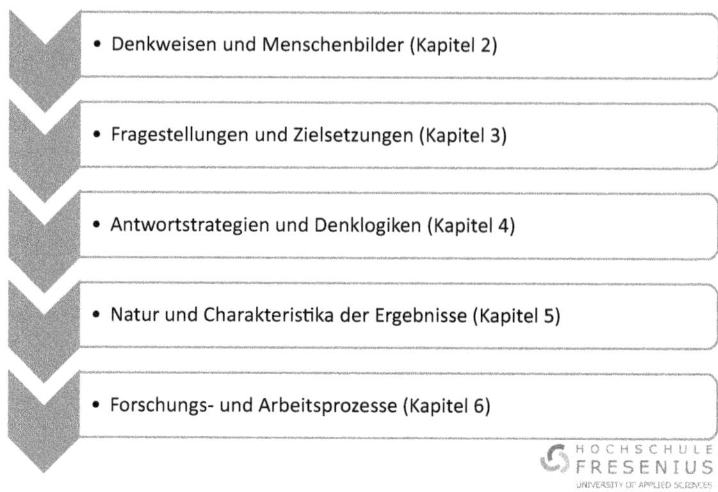

◩ Abb. 1.1   Ebenen der Gegenüberstellung quantitativer und qualitativer Ansätze

Quantitativ und qualitativ Forschende **denken anders** 1) Sie setzen sich **andere Ziele und bearbeiten verschiedenartige Fragestellungen** 2) mithilfe **unterschiedlicher Antwortstrategien** 3) Sie kommen zu **verschiedenen Arten von Ergebnissen** 4) und **gestalten ihre Arbeitsprozesse auf unterschiedliche Weise** 5) Auf genau diesen fünf Ebenen werden wir in diesem Buch quantitative und qualitative Ansätze gegenüberstellen, die in ◩ Abb. 1.1 auch nochmals grafisch dargestellt sind.

Anhand der Betrachtung der Unterschiede quantitativer und qualitativer Ansätzen entlang dieser fünf Ebenen möchte dieses Buch Ihnen ein ganzheitliches Verständnis dieser essenziellen Differenzierung vermitteln, das Sie dabei unterstützen soll, ihren Blick bei der Rezeption wissenschaftlicher Studien zu schärfen sowie eigene Projekte fundiert zu konzipieren und durchzuführen.

Literatur

Crotty, M. (1998). *The foundations of social research. meaning and perspective in the research process.* London: Sage.

Flick, U. (2012). *Qualitative Sozialforschung. Eine Einführung* (5. Aufl.). Reinbek bei Hamburg: Rowohlt Taschenbuch.

Hug, T., & Poscheschnik, G. (2015). *Empirisch forschen* (2. Aufl.). Konstanz: UVK.

Zepke, G. (2016). *Lust auf qualitative Forschung! Eine Einführung für die Praxis.* Wien: T.S.O. Texte zur Systemischen Organisationsforschung.

Denkweisen und Menschenbilder

Die Frage der Übertragbarkeit naturwissenschaftlicher Methoden auf den Menschen

Die Ausführungen in diesem Kapitel basieren auf folgendem Studienbrief: Wichmann, A. (2017). Ein Blick hinter die Kulissen quantitativer und qualitativer Forschung. Studienbrief der Hochschule Fresenius online plus GmbH. Idstein: Hochschule Fresenius online plus GmbH.

Quantitative und qualitative Forschungsansätze unterscheiden sich zunächst in grundlegend unterschiedlichen Denkweisen und Menschenbildern. Auch wenn diese oft unbewusst und verborgen bleiben, so üben sie doch einen wesentlichen Einfluss auf den Forschungsprozess aus. Daher ist es wichtig, diese unterschiedlichen Ansätze zu kennen und zu verstehen.

Nach eingehender Lektüre dieses Kapitels können Sie ...
- die wissenschaftstheoretischen Grundlagen der Abgrenzung quantitativer und qualitativer Ansätze beschreiben
- die Debatte bzw. Frage der Übertragbarkeit naturwissenschaftlicher Methoden auf die Erforschung menschlichen Handelns erläutern
- die grundlegenden Annahmen des Positivismus als Fundament quantitativer Ansätze erklären
- die Kritikpunkte des Positivismus erläutern
- die grundlegenden Annahmen des Interpretativismus als Fundament qualitativer Ansätze erklären
- die Notwendigkeit der Selbstreflexion durch die Forschenden bei der Verfolgung eines qualitativen Ansatzes erklären

2.1 Wissenschaftstheoretische Grundlagen der Abgrenzung quantitativer und qualitativer Ansätze

Forschungsprojekte werden oft unbewusst von bestimmten Annahmen der jeweiligen Forscherinnen und Forscher geleitet. Diese Annahmen beziehen sich auf grundlegende Fragestellungen in Bezug auf das, was überhaupt untersucht werden kann und soll, auf die Art der Fragestellung sowie auf das, was Wissen ist, was Erkenntnis bedeutet und was mit dem Begriff der Wirklichkeit verbunden ist, der mit einer Untersuchung auf den Grund gegangen werden soll. Mit diesen Fragestellungen setzt sich die **Wissenschaftstheorie** auseinander.

Definition

Unter der **Wissenschaftstheorie** wird eine Disziplin verstanden, die sich mit „dem Begriff, der Einteilung, den Erkenntnisprinzipien, den Methoden und Sprachen, den Voraussetzungen sowie mit den Zielen und Ergebnissen" der Wissenschaft beschäftigt (Kornmeier 2007, S. 6).

Die Wissenschaftstheorie steht in enger Verbindung mit der **Methodologie**, die das wissenschaftstheoretische Fundament eines Forschungsprojektes darstellt.

> **Definition**
>
> Die **Methodologie** ist die Lehre davon, wie Forschung durchgeführt werden sollte und darüber, was und wie etwas überhaupt untersucht werden kann. Sie umfasst die theoretischen Annahmen, die hinter der Wahl eines Untersuchungsgegenstandes sowie der Untersuchungsmethoden liegen und die diese Wahl unterstützen. Sie ist sozusagen die Untersuchungsstrategie, die die Wahl der Methoden in schlüssiger Weise mit der Art der angestrebten Ergebnisse verbindet (Crotty 1998, S. 7).

Diese theoretischen Überlegungen sind sinnvoll, um zu vermeiden, dass eine Forschungsmethode gewählt wird, die den jeweiligen Untersuchungsgegenstand und die jeweilige Fragestellung nicht erfassen kann. Auch wenn diese Entscheidungsprozesse oft verborgen sind, ist es doch wichtig, sich bewusst zu machen, dass Forschende mit der Verwendung eines quantitativen oder qualitativen Ansatzes automatisch eine unterschiedliche Position beziehen bzw. unterschiedliche Antworten auf die Fragen geben, was als Wissen oder Erkenntnis zählt und was überhaupt wie untersucht werden kann. Dies ist vor dem Hintergrund zu sehen, dass die Unterteilung in quantitative und qualitative Ansätze unter anderem in der Debatte begründet ist, ob Natur- und Sozialwissenschaften die gleichen Prinzipien und Methoden der Erkenntnisgewinnung anwenden können bzw. ob und inwieweit sich der Mensch und sein Verhalten, Handeln und seine Interaktionen mit den gleichen Methoden erforschen lassen wie die Natur (Creswell 2009; Flick 2012).

In **quantitativen Ansätzen** spiegelt sich eher die Meinung wider, es bedürfe keines **eigenständigen Methodenspektrums** zur Erforschung des Menschen; die in den Naturwissenschaften entwickelten Prinzipien des standardisierten Vorgehens, der Messbarkeit und Quantifizierung, der Häufigkeit und Verteilung von Phänomenen, der naturwissenschaftlichen Exaktheit, der Isolierung von Ursache-Wirkungs-Zusammenhängen, des Aufstellens allgemeingültiger Gesetzmäßigkeiten sowie der Objektivität und Kontrollierbarkeit der Bedingungen seien gleichermaßen auf die Erforschung des Menschen übertragbar (Flick 2012, S. 100 f.).

Vertreter/-innen **qualitativer Ansätze** sind hingegen der Ansicht, dass sich der Mensch **nicht mit den gleichen Prinzipien** und Forschungsmethoden erforschen lasse wie die Natur. Der Mensch sei nicht nur ein Körper, sondern auch Geist und Seele (Hussy et al. 2013. S. 21 f.), was demnach ein eigenständiges, von den Naturwissenschaften unabhängiges Methodenspektrum erforderlich mache.

Entlang dieser Debatte verläuft die Abgrenzung zwischen quantitativen und qualitativen Ansätzen. Die Gegenüberstellung dieser wissenschaftlichen Positionen hat eine lange Tradition. Vor allem im englischen Sprachraum werden diese unterschiedlichen Perspektiven in der Gegenüberstellung unterschiedlicher Hauptpositionen betrachtet: dem **Positivismus als Fundament quantitativer Ansätze** einerseits und dem **Interpretativismus als Fundament qualitativer Ansätze** andererseits (Creswell 2009; Flick 2012). Anhand dieser beiden Positionen lassen sich die unterschiedlichen Denkweisen und Menschenbilder, die mit einem quantitativen oder qualitativen Ansatz verfolgt werden, besonders gut skizzieren. Daher werden diese beiden Perspektiven im Folgenden unter die Lupe genommen.

2.2 Positivismus als Fundament quantitativer Ansätze

Der **Positivismus** als wissenschaftstheoretische Position kommt aus den Naturwissenschaften und geht von der Annahme aus, dass die Natur- und Sozialwissenschaften die gleichen Prinzipien, Grundsätze und Methoden der Erkenntnisgewinnung verwenden können und dass demnach auch der Mensch mit dem gleichen Methodenspektrum erforscht werden kann wie die Natur (Flick 2012).

Der Positivismus wird oftmals mit der Perspektive des Realismus assoziiert (Flick 2012, S. 100 f.). Es wird davon ausgegangen, dass es eine Wahrheit gibt, die sich greifen und entdecken lässt. Die Wirklichkeit „da draußen" existiert unabhängig vom menschlichen Bewusstsein darüber. Es handelt sich um eine Wirklichkeit, die mit den menschlichen Sinnen erfasst werden kann. Ferner wird in dieser Position angenommen, dass menschliches Verhalten entlang von Gesetzmäßigkeiten und Ursache-Wirkungs-Zusammenhängen verläuft, die auch in der Lage sind, menschliches Verhalten vorhersehbar zu machen (▶ Kap. 3). Diese Gesetzmäßigkeiten können durch objektive, wertneutrale Untersuchungen ans Tageslicht gebracht werden (Blaikie 2010; Crotty 1998; Flick 2012). Der Positivismus verfolgt die Sichtweise, dass es stets bestimmte Ursachen gibt, die bestimmte Verhaltensweisen oder Effekte hervorrufen (Reiz – Reaktion). Aufgabe der Forschenden ist es, diese Zusammenhänge zum Beispiel in Form eines Experiments zu isolieren und über die Bildung von Variablen und Hypothesen zu testen.

Nach dieser Position sind menschliche Verhaltensweisen und Interaktionen von Gesetzmäßigkeiten gesteuert, die es zu testen und zu prüfen, zu verifizieren und weiterzuentwickeln gilt, um das menschliche Miteinander zu erklären (Creswell 2009, S. 6 ff.). Die möglichen Zusammenhänge und Gesetzmäßigkeiten werden zum Beispiel mittels Experimenten oder Fragebögen untersucht, deren Ergebnisse in Zahlen und Statistiken ausgedrückt werden, sodass an dieser Stelle der Bezug zur quantifizierenden Vorgehensweise deutlich wird.

■ **Grundlegende Annahmen**

Diese Annahmen der positivistischen Denkweise und der besonderen Form des Menschenbildes, das dadurch zum Ausdruck kommt, spiegeln sich in **den besonderen Leitgedanken und Charakteristika quantitativer Forschungsansätze** wider, die sich nach Flick (2012, S. 23 f.) wie folgt zusammenfassen lassen:

- Standardisiertes Vorgehen
- Messbarkeit und Quantifizierung, Häufigkeit und Verteilung von Phänomenen
- Naturwissenschaftliche Exaktheit
- Isolierung von Ursache-Wirkungs-Zusammenhängen
- Aufstellen allgemeingültiger Gesetze
- Kontrollierbarkeit und Objektivität

> ❯ Der Positivismus ist das Fundament der quantitativen Vorgehensweise mit ihren standardisierten, objektiv messenden Verfahren.

▪ Kritische Stimmen

Dieser Ansatz wird zum Teil kritisch beurteilt. Der Hauptkritikpunkt richtet sich gegen die Annahme, dass die soziale Welt des Menschen und sein soziales Verhalten tatsächlich mit den gleichen Prinzipien und Methoden erforscht werden könne, wie sie in den Naturwissenschaften gelten (Blaikie 2007; Denzin und Lincoln 2005). Die positivistische Denkhaltung wurde und wird für ihre Konzentration auf das rein Beobachtbare kritisiert sowie für ihren Fokus auf die Quantifizierung bzw. die Ausrichtung auf rein quantifizierbare Aspekte, die es zu untersuchen gilt. Kritiker/-innen dieser Denkrichtung lehnen die Annahme ab, dass menschliches Verhalten und Handeln stets eine kausale Reaktion auf externe Reize sei. Anstelle dessen sollten vielmehr die Intentionen und Motive des Menschen untersucht werden, bedeutende Aspekte des menschlichen Lebens, die sich in der Natur so nicht finden ließen. Somit, so ihre Meinung, bedürfe es zur Untersuchung des menschlichen Handelns und Verhaltens eines Spektrums von Forschungsprinzipien und -methoden, die sich von naturwissenschaftlichen Methoden klar abgrenzen lassen (Denzin und Lincoln 2005; Chalmers 1999; Crotty 1998).

Diese Kritikpunkte werden in einer Reihe von Gegenpositionen zum Ausdruck gebracht, die unter dem Dachbegriff des **Interpretativismus** zusammengefasst werden können.

2.3 Interpretativismus als Fundament qualitativer Ansätze

Die Kritik an den positivistischen Annahmen wurde und wird von verschiedenen wissenschaftsphilosophischen Strömungen vorgebracht, die in der Literatur unterschiedlich und uneinheitlich bezeichnet werden, sich jedoch unter dem Überbegriff des **Interpretativismus** bzw. oft auch unter dem Schlagwort des **Konstruktivismus** zusammenfassen lassen. Unter diesem Überbegriff gruppieren sich verschiedene Schulen und Ansätze, „die sich in ihren theoretischen Annahmen, in ihrem Gegenstandsverständnis und methodischem Fokus unterscheiden" (Flick 2012, S. 81). Als Beispiel seien an dieser Stelle der **symbolische Interaktionismus,** der sich mit der Erschließung subjektiver Sinnstrukturen im sozialen Kontext befasst, sowie die **Ethnomethodologie,** die der Herstellung sozialer Wirklichkeiten im Alltag auf den Grund geht, genannt. Die Ursprünge dieser Denkweise werden oftmals dem Soziologen Max Weber (1864–1920) und seinem Konzept des Verstehens (▶ Kap. 3) zugeschrieben. Trotz der unterschiedlichen Positionen dieser verschiedenen Schulen, auf die wir hier nicht näher eingehen werden, teilen diese konstruktivistischen Ansätze, „dass sie das Verhältnis zur Wirklichkeit bestimmen, indem sie sich mit den konstruktiven Prozessen bei der Annäherung an diese auseinandersetzen" (Flick 2012, S. 100).

Verfechter des interpretativen, konstruktivistischen Ansatzes haben ein völlig anderes Menschenbild als die Anhänger des Positivismus. Sie sehen den Menschen als Akteur, der in der Lage ist, die soziale Welt, in der er lebt, aktiv zu gestalten

2

(Gertenbach et al. 2009; Reimann et al. 1975). Sie lehnen das Reiz-Reaktions-Modell ab und gehen davon aus, dass das menschliche Verhalten keine Reaktion auf externe Reize ist. Die wissenschaftstheoretische Perspektive, auf der ihr Ansatz basiert, sieht den Menschen als aktives Wesen, das auf der Basis von Sinn und Intention agiert und das seinem eigenen Handeln Bedeutung beimisst. Der Perspektive des sozialen Konstruktivismus folgend fügen Menschen ihrem Handeln Sinn bei, während und in der Interaktion mit anderen Mitmenschen und der sie umgebenden Welt (Crotty 1998, S. 42 f.). Die Menschen stehen mit der Umwelt im sozialen Austausch. Sie konstruieren Sinn, während sie mit den Menschen und der Welt um sie herum interagieren. Die grundlegende Herausbildung von Sinn und Bedeutung ist demnach stets sozial geprägt und entsteht in der Interaktion mit einer menschlichen Gemeinschaft (Creswell 2009; Crotty 1998).

Gemäß interpretativistischer Annahmen zieht ein externer Reiz somit keine automatische Reaktion nach sich, sondern ein von außen einströmender Reiz wird von den Menschen zunächst als solcher wahrgenommen und unterliegt dann individuellen Interpretationsprozessen (Blaikie 2007; Flick 2012). Nach dieser Position gibt es demnach nicht nur eine Wirklichkeit, sondern viele Wirklichkeiten und Bedeutungen, die relativ zueinander sind. Ein und derselbe externe Reiz kann hierbei für verschiedene Individuen unterschiedliche Bedeutung haben.

> **Beispiel**
> Ein Beispiel aus dem Hochschulalltag soll die unterschiedliche Bedeutung zum Ausdruck bringen, die ein und derselbe Reiz für verschiedene Personen haben kann. Am Tag der Abschlusspräsentation eines Praxisprojektes von zwei Studierenden begegnet die Dozierende, die die Bewertung der Präsentation vornehmen wird, den beiden Studierenden auf dem Flur. Sie grinst die beiden an. Die eine Studierende fasst dieses Grinsen als Aufmunterung auf, während das Grinsen bei dem anderen Studierenden zu Verunsicherung und zum Gedanken führt, die Benotung werde besonders hart sein. Was hat die Dozierende nun tatsächlich gedacht, als sie grinste? Hier stehen sich zwei völlig verschiedene Interpretationen des gleichen Reizes gegenüber.

Aufgrund der völlig unterschiedlichen Bedeutung, die mit ein und demselben Reiz verbunden sein kann, argumentieren die Anhänger dieser Denkrichtung, dass es nicht möglich sei, standardisierte und einheitliche Interpretationen zur Erklärung des menschlichen Handelns zu bestimmen. Diese Sichtweise stellt demnach die quantifizierende Vorgehensweise naturwissenschaftlicher Ansätze bei der Erforschung menschlichen Handelns sowie die Suche nach Gesetz- und Regelmäßigkeiten infrage. Um die soziale Wirklichkeit und die Handlungsweisen des Menschen zu verstehen, wird alternativ postuliert, Forschende müssten Wege finden, um Zugang zu den Sinn- und Intentionsstrukturen des einzelnen Menschen zu erhalten. Dies würde funktionieren, indem die Forschenden anstreben, die Perspektive der Erforschten einzunehmen und das betroffene Phänomen durch die Brille der Betroffenen aus der Innenperspektive heraus zu betrachten (Blaikie 2007; Hammersley und Atkinson 2007).

Das Ziel einer Untersuchung ist es demnach, sich so gut wie möglich in die Position der Betroffenen hineinzuversetzen und die individuellen, subjektiven Sichtweisen zu erfassen (Flick 2012). In dem oben genannten Beispiel kommt es also gemäß der interpretativistischen Sichtweise nicht darauf an, wie viele Studierende auf das Grinsen der Dozentin wie reagieren, sondern welche Sichtweisen des Reizes es überhaupt gibt bzw. noch zusätzlich möglich wären. In einem nächsten Schritt würde dann angestrebt, herauszufinden, warum welcher Reiz wie interpretiert wird (▸ Kap. 3).

Allerdings interpretieren nicht nur die Individuen ihr Verhalten, Handeln und die Vorgänge in ihrer Umwelt. Auch die Forschenden selbst, die die Handlungen anderer untersuchen, nehmen ihrerseits Interpretationsvorgänge vor (Hammersley und Atkinson 2007). Die Wirklichkeit wird nicht nur durch die zu erforschenden Individuen konstruiert. Die Wirklichkeit wird auch durch den Forschenden rekonstruiert, sodass hierbei eine doppelte Konstruktion von Wirklichkeit vorliegt. Somit sind nicht nur die Bedeutungen eines Reizes vielfältig und relativ zueinander; auch das über diese Bedeutung entstehende Wissen ist stets relativ und kontextspezifisch zu sehen (▸ Kap. 5).

- **Grundlegende Annahmen**

Die grundlegenden Annahmen, die die besondere Denkweise und das Menschenbild interpretativistischer Ansätze ausmachen, lauten demnach wie folgt:

- Menschliches Handeln ist keine kausale Reaktion auf externe Reize.
- Menschen handeln auf der Basis von Sinn und Intention, sie messen ihrem Handeln Bedeutung bei.
- Menschen interpretieren die Wirklichkeit.
- Es gibt hierbei nicht nur eine, sondern viele Wirklichkeiten und Bedeutungen, die relativ zueinander sind.
- Es erfolgt eine doppelte Konstruktion von Wirklichkeit. Die Wirklichkeit wird durch die zu untersuchenden Forschungspartner konstruiert. Diese entsprechenden Versionen der Wirklichkeit werden dann wiederum durch die Forschenden rekonstruiert.

Aufgabe der Forschenden ist es, die subjektiven und individuellen Sichtweisen der Betroffenen im Hinblick auf das zu untersuchende Phänomen zu erfassen. Der Interpretativismus verneint hierbei das objektive Ideal, das sich hinter der positivistischen Sichtweise verbirgt. In der interpretativistischen Denkrichtung wird angenommen und akzeptiert, dass die bzw. der Forschende nicht wertfrei und objektiv gegenüber einem Forschungsprojekt sein könne. Vielmehr beeinflussen das eigene Handeln, die Erfahrungen und die eigene Biografie sowohl die Auswahl der untersuchten Fragestellungen als auch die Interpretation der Sichtweisen der Forschungspartner (Flick 2012).

Mit der Annahme, dass Forschende nicht objektiv, sondern subjektiv seien, wird eines der grundlegenden Qualitätskriterien quantitativer Ansätze infrage gestellt. Subjektivität ist hierbei aber keinesfalls mit Willkür gleichzusetzen; vielmehr sind sich die Anhänger/-innen dieser Denkrichtung bewusst, dass es eines verantwortungsvollen Umgangs mit der Subjektivität des Forschenden bedarf. Die Forschenden haben sich einem fortlaufenden Prozess der **Selbstreflexion** zu stellen.

Es bedarf der Reflexion darüber, wie die eigene Biografie, das eigene Vorwissen, die eigenen Erfahrungen sowie die eigenen Werte und Annahmen die vorgenommenen Interpretationen beeinflussen könnten. Sie müssen darüber nachdenken, in welchem „Verhältnis" sie zu ihrem Thema stehen, woher das Interesse daran rührt, welche Vorerfahrungen sie in Bezug auf das Thema haben und ob sie das Thema eher aus der **Außenperspektive** oder der **Innenperspektive** betrachten. Sie müssen sich überlegen, was die Interpretation der Sichtweisen der Forschungspartner beeinflusst haben könnte. Über diese Aspekte müssen Forschende nicht nur nachdenken, sondern sie müssen – zumindest in Ansätzen – auch den Leserinnen und Leser nahegebracht werden, denn diese haben ein Recht darauf, über diese potenziellen Einflüsse Bescheid zu wissen (Hammersley und Atkinson 2007).

> **Beispiel**
>
> Die Geschäftsführung eines mittelständischen Automobilzulieferers mit Sitz in einer mittelgroßen Stadt plant die Verlegung der Unternehmenszentrale in eine eher ländliche Region. Die Geschäftsführung macht sich Gedanken darüber, wie ein solcher Standortwechsel von den Mitarbeiterinnen und Mitarbeitern wahrgenommen wird. Ein Werkstudent wird im Rahmen der Bachelorarbeit dieser Frage auf den Grund gehen und führt dazu eine qualitative Untersuchung durch. Der Studierende hat bereits eine vergleichbare Situation mit einem damit verbundenen Umzug im Elternhaus erlebt. Er betrachtet das Thema daher tendenziell aus der Innenperspektive und muss sich Gedanken machen, welche seiner eigenen Erfahrungen möglichweise die Interpretationen der Schilderungen der Befragten beeinflussen könnten. In einem selbstreflexiven Prozess durchdenkt der Studierende seine eigenen Erinnerungen an das Ereignis und bespricht diese dabei mit seinem Bachelorarbeitsbetreuer, der das Thema aus der Außenperspektive betrachtet.

Der Interpretativismus bildet das Fundament, auf dem qualitative Forschungsansätze basieren. Die interpretativistische Denkweise und das damit verbundene Menschenbild eines interpretierenden Menschen bezieht eine klare Gegenposition zum Positivismus. Sie vertritt die Ansicht, dass der Mensch nicht mit den gleichen Prinzipien und Methoden untersucht werden kann, wie sie in den Naturwissenschaften vorherrschen. Wie die folgende Auflistung zeigt, leiten sich die Charakteristika qualitativer Ansätze unmittelbar aus der spezifischen Denkweise und dem Menschenbild des Interpretativismus ab. Nach Flick et al. (2012, S. 22 ff.) lassen sich diese wie folgt charakterisieren:

- **Kontextualität als Leitgedanke:** Das untersuchte Phänomen wird nicht isoliert betrachtet, sondern gezielt im Kontext analysiert.
- **Perspektiven der Beteiligten:** Deren Unterschiedlichkeit bei der Sinnzuschreibung wird berücksichtigt, ohne zu quantifizieren.
- **Reflexivität der Forschenden:** Die Forschenden üben Einfluss auf die Untersuchung und Dateninterpretation aus, ebenso wie auf die Wahl des Themas und der zu untersuchenden Fragestellung. Die Perspektive ist subjektiv. Ihr Handeln,

ihre eigenen Erfahrungen und Wahrnehmungen, ihre Biografien und ihre Kommunikation mit den Beteiligten werden hier jedoch nicht als Störquelle gesehen, die es auszuschalten gilt, sondern sie werden als bereichernde Erkenntnisquelle betrachtet.

- **Verstehen als Erkenntnisprinzip:** Es wird das Ziel angestrebt, ein Verständnis für komplexe Zusammenhänge zu entwickeln. Es geht nicht um die Erklärung eines Phänomens durch die Isolierung von Ursache und Wirkung (► Kap. 3). Anstelle des Erklärens von Ursache-Wirkungs-Beziehungen durch die Isolierung einzelner Aspekte soll ein Phänomen in seiner Ganzheit im jeweiligen Kontext erfasst und verstanden werden.
- **Prinzip der Offenheit:** Um der Unterschiedlichkeit der Perspektiven und der relativen Natur der Bedeutungszuschreibung Raum zu gewähren, nutzen Forschende in ihren Projekten möglichst offene Fragen und Beobachtungsskizzen.

> Der Interpretativismus ist das Fundament der qualitativen Vorgehensweise mit ihren nicht-standardisierten, sinnverstehenden Verfahren.

? Fragen

1. Auf welche grundlegenden Annahmen stützt sich der Positivismus als Fundament quantitativer Forschungsansätze?
2. Welche Kritikpunkte gegenüber dem Positivismus haben Sie kennengelernt?
3. Was sind die grundlegenden Annahmen und Kerncharakteristika des Interpretativismus als Fundament qualitativer Forschungsansätze?
4. Warum ist es notwendig, dass sich Forschende in qualitativen Forschungsprojekten einem Prozess der Selbstreflexion unterziehen?

✓ Antworten

1. Der Positivismus geht von der Annahme aus, dass die Natur- und Sozialwissenschaften die gleichen Prinzipien, Grundsätze und Methoden der Erkenntnisgewinnung verwenden können und dass demnach der Mensch mit dem gleichen Methodenspektrum erforscht werden kann wie die Natur. Ferner wird angenommen, dass es eine Wirklichkeit gibt, die unabhängig vom menschlichen Bewusstsein darüber existiert und die mit den menschlichen Sinnen erfasst werden kann. Menschliches Verhalten ist gemäß dieser Position durch Reiz-Reaktions-Zusammenhänge gekennzeichnet. Es verläuft entlang von Gesetzmäßigkeiten und basiert auf Ursache-Wirkungs-Zusammenhängen, die durch objektive, wertneutrale Untersuchungen ans Tageslicht gebracht werden können. Diese Annahmen spiegeln sich in den Kerncharakteristika der quantitativen Forschung mit ihrem standardisierten Vorgehen, der Fokussierung auf das Messen von Häufigkeiten und der Quantifizierung von Phänomenen, der Isolierung von Ursache-Wirkungs-Zusammenhängen sowie der Annahme der Existenz allgemeingültiger Gesetze zur Erklärung und Vorhersage menschlichen Verhaltens und Handelns wider.
2. Der Positivismus wird angesichts der Annahme kritisiert, dass die soziale Welt des Menschen und sein soziales Verhalten mit den gleichen Prinzipien und Methoden erforscht werden könne, wie sie in den Naturwissenschaften gelten.

Die positivistische Denkhaltung wurde und wird ebenfalls für ihre Fokussierung auf rein beobachtbare und quantifizierbare Vorgänge und Aspekte kritisiert. Die Kritiker dieser Denkrichtung stellen hierbei die Annahme infrage, dass menschliches Verhalten und Handeln stets eine kausale Reaktion auf externe Reize sei, da diese Annahme die Intentionen, Motive, Sinnzuschreibungen und subjektiven Sichtweisen des Menschen außer Acht lässt.

3. Die Anhänger des Interpretativismus sehen den Menschen als Akteur, der in der Lage ist, die soziale Welt, in der er lebt, aktiv zu gestalten. Gemäß dieser Position ist der Mensch ein aktives Wesen, das auf der Basis von Sinn intentional handelt, der in der Interaktion mit anderen Menschen und der sie umgebenden Welt konstruiert wird. Ein von außen einströmender Reiz wird von den Menschen stets subjektiv interpretiert, wobei ein und derselbe externe Reiz für verschiedene Individuen von unterschiedlicher Bedeutung sein kann. Nach dieser Position gibt es demnach nicht nur eine, sondern viele Wirklichkeiten und Bedeutungen, die relativ zueinander sind. Es erfolgt eine doppelte Konstruktion von Wirklichkeit durch die Forschungspartner und die Forschenden.

   Diese Annahmen spiegeln sich in den Kerncharakteristika der qualitativen Forschung wider, der Kontextualität, dem Eingehen auf die unterschiedlichen Perspektiven der Betroffenen, der Reflexivität der Forschenden, Verstehen als Erkenntnisprinzip sowie dem Prinzip der Offenheit.

4. Gemäß dem Prinzip der doppelten Konstruktion der Wirklichkeit wird diese in der qualitativen Forschung nicht nur durch die zu erforschenden Individuen konstruiert, sondern auch durch die Forschenden rekonstruiert. Der Prozess der Interpretation der Sichtweisen der Forschungspartner, sowie auch die Wahl des Forschungsthemas an sich und die zu untersuchende Fragestellung sind gemäß der interpretativistischen Sichtweise durch das eigene Handeln und die eigene Biografie der Forschenden beeinflusst. Ihr Handeln, ihre eigenen Erfahrungen und Wahrnehmungen, ihre Biografien und ihre Kommunikation mit den Beteiligten werden hier im Unterschied zur quantitativen Forschung nicht als Störquelle gesehen, die es auszuschalten gilt, sondern sie werden als bereichernde Erkenntnisquelle betrachtet. Dazu bedarf es jedoch eines verantwortungsvollen Umgangs mit der Subjektivität des Forschenden, der durch einen fortlaufenden Prozess der Selbstreflexion realisiert werden kann. Forschende haben zu reflektieren, wie die eigene Biografie, das eigene Vorwissen, die eigenen Erfahrungen sowie die eigenen Werte und Annahmen die vorgenommenen Interpretationen beeinflussen könnten, und sollten diese Überlegungen – zumindest in Ansätzen – auch den Leserinnen und Lesern darlegen.

❓ Reflexionsaufgaben

1. Überlegen Sie sich Situationen aus dem Alltag, in denen ein Reiz von unterschiedlichen Personen unterschiedlich interpretiert werden kann.
2. Sehen Sie sich drei verschiedene qualitative Studien an. Inwiefern legen die Autorinnen und Autoren ihre eigenen subjektiven Sichtweisen offen?

Zusammenfassung und Fazit

Die Unterscheidung in quantitative und qualitative Forschungsansätze basiert auf grundlegend unterschiedlichen Denkweisen und Menschenbildern, die, auch wenn sie oftmals unbewusst und verborgen bleiben, einen erheblichen Einfluss auf den Forschungsprozess ausüben können. Wir haben in diesem Kapitel gesehen, dass quantitative Ansätze sich hierbei einer eher naturwissenschaftlichen Herangehensweise an die Untersuchung menschlichen Handelns bedienen, die auf dem Fundament des Positivismus basiert. Der Positivismus als wissenschaftstheoretische Position geht von der Annahme aus, dass menschliches Verhalten entlang von Reiz-Reaktions-Schemata verläuft, die durch objektive, wertneutrale Forschende untersucht und erklärt werden können. Diese Annahmen spiegeln sich in den Kerncharakteristika der quantitativen Forschung wider: dem standardisierten Vorgehen, der Fokussierung auf das Messen von Häufigkeiten und der Quantifizierung von Phänomenen, der Isolierung von Ursache-Wirkungs-Zusammenhängen sowie der Annahme der Existenz allgemeingültiger Gesetze zur Erklärung und Vorhersage menschlichen Verhaltens.

Demgegenüber steht der Interpretativismus, nach dem sich der Mensch nicht mit den gleichen Prinzipien und Forschungsmethoden erforschen lässt wie die Natur. Der Interpretativismus ist – als Überbegriff für eine Reihe verschiedener Strömungen, Ansätze und Schulen wie zum Beispiel dem Konstruktivismus – das Fundament der qualitativen Vorgehensweise mit ihren nicht-standardisierten, sinnverstehenden Verfahrensweisen. Die Anhänger des interpretativen, konstruktivistischen Ansatzes sehen den Menschen als aktives Wesen, das auf der Basis von Sinn und Intention agiert und das seinem eigenen Handeln Bedeutung zuschreibt. Ein und derselbe externe Reiz kann hierbei völlig unterschiedlichen Sinnzuschreibungen unterliegen, die es durch nicht-standardisierte, sinnverstehende Untersuchungserfahren ans Tageslicht zu bringen gilt. Diese Annahmen finden ihre Reflexion in den Kerncharakteristika der qualitativen Forschung: der Kontextualität, dem Eingehen auf die unterschiedlichen Perspektiven der Betroffenen, der Reflexivität der Forschenden, Verstehen als Erkenntnisprinzip sowie dem Prinzip der Offenheit.

Auch wenn sich Forschende dieser wissenschaftstheoretischen Annahmen oftmals im Forschungsprozess nicht direkt bewusst sind, haben wir gesehen, dass diese Annahmen unmittelbar mit den Kernprinzipien der jeweiligen Forschungsrichtung verknüpft sind. Deren Kenntnis ist folglich für ein ganzheitliches Verständnis der Forschungsansätze von besonderer Relevanz.

Literatur

Blaikie, N. (2007). *Approaches to social enquiry* (2. Aufl.). Cambridge: Polity.
Blaikie, N. (2010). *Designing social research. The logic of anticipation* (2. Aufl.). Cambridge: Polity.
Chalmers, A. F. (1999). *What is this thing called Science?* (3. Aufl.). Maidenhead: Open University Press.
Creswell, J. W. (2009). *Research design. qualitative, quantitative and mixed methods approaches*. Los Angeles: Sage.
Crotty, M. (1998). *The foundations of social research. Meaning and perspective in the research process*. London: Sage.
Denzin, N. K., & Lincoln, Y. S. (2005). *The SAGE handbook of qualitative research* (3. Aufl.). Thousand Oaks: Sage.

Flick, U. (2012). *Qualitative Sozialforschung. Eine Einführung* (5. Aufl.). Reinbek bei Hamburg: Rowohlt Taschenbuch.

Flick, U., von Kardorff, E., & Steinke, I. (Hrsg.). (2012). *Qualitative Forschung. Ein Handbuch* (9. Aufl.). Reinbek bei Hamburg: Rowohlt Taschenbuch.

Gertenbach, L., Kahlert, H., Kaufmann, S., Rosa, H., & Weinbach, C. (2009). *Soziologische Theorien.* Paderborn: Fink.

Hammersley, M., & Atkinson, P. (2007). *Ethnography. principles in practice* (3. Aufl.). Oxon: Routledge.

Hussy, W., Schreier, M., & Echterhoff, G. (2013). *Forschungsmethoden in Psychologie und Sozialwissenschaften für Bachelor* (2. Aufl.). Berlin: Springer.

Kornmeier, M. (2007). *Wissenschaftstheorie und wissenschaftliches Arbeiten.* Heidelberg: Physica.

Reimann, H., Giesen, B., Goetze, D., & Schmid, M. (1975). *Basale Soziologie: Theoretische Modelle.* München: Wilhelm Goldmann Verlag.

Ein Thema – Unterschiedliche Zielsetzungen

Beschreiben oder vorhersehen? Erklären oder verstehen?

Die Ausführungen in diesem Kapitel basieren auf folgendem Studienbrief: Wichmann, A. (2017). Ein Blick hinter die Kulissen quantitativer und qualitativer Forschung. Studienbrief der Hochschule Fresenius online plus GmbH. Idstein: Hochschule Fresenius online plus GmbH.

Basierend auf den verschiedenen Denkweisen und Menschenbildern, auf die sich quantitative und qualitative Vorgehensweisen stützen, verfolgen Forschende je nach gewähltem Ansatz unterschiedliche Zielsetzungen und Fragestellungen, denen sich das nun folgende Kapitel widmet.

Nach eingehender Lektüre dieses Kapitels können Sie …

- Forschungsfragen von Forschungszielen abgrenzen
- die grundlegenden Typen von Forschungsfragen unterscheiden
- die grundlegenden Unterschiede zwischen den Zielsetzungen quantitativer und qualitativer Forschungsprojekte erklären
- die Charakteristika beschreibender Zielsetzungen in Forschungsprojekten nennen und deren Bedeutung in quantitativen und qualitativen Projekten unterscheiden
- die Zielsetzungen Erklären und Verstehen voneinander abgrenzen

3.1 Zielsetzungen und Forschungsfragen in Untersuchungsprojekten

Wie lautet die Forschungsfrage eines Projektes? Welches Ziel wird mit einer Untersuchung verfolgt?

Diese essenziellen Fragen zu beantworten ist oft schwieriger als gedacht. Es ist jedoch unerlässlich, sich der zentralen Fragestellung und Zielsetzung einer Untersuchung im Klaren zu sein. Das Fehlen dieser Klarheit führt oftmals zu Schwierigkeiten im kompletten Arbeitsprozess sowie zu möglichen Schreibblockaden. Wenn nicht genau definiert ist, worum es gehen soll, worüber soll dann geschrieben werden? Erst wenn Sie präzise Angaben zur zentralen Frage und Zielsetzung eines Projektes machen können, können Sie alle weiteren fundamentalen Entscheidungen im Forschungsprozess (wie z. B. Auswahl relevanter Literatur, Methodik, Gliederung etc.) sinnvoll und strukturiert treffen (Kornmeier 2009).

In diesem Kontext stellt sich hierbei zunächst die Frage nach der Abgrenzung zwischen der Forschungsfrage und der Zielsetzung einer Studie, die oftmals austauschbar erscheinen. Hierbei geht es jedoch um mehr als eine reine Umformulierung der gleichen Aussage. Die **Forschungsfrage** bringt zunächst das auf den Punkt, was untersucht werden soll. In der Literatur werden hierbei verschiedene Klassifizierungen von Forschungsfragen aufgeführt. Nach Blaikie (2010, S. 60 f.) lassen sich Forschungsfragen in die folgenden drei Haupttypen einteilen:

- WAS-Fragen
- WARUM-Fragen
- WIE-Fragen

Auch wenn es noch viele weitere Kategorien an Forschungsfragen gibt, beschränken wir uns an dieser Stelle auf diese drei Haupttypen und setzen diese anschließend in Bezug zu den Forschungszielen.

- **WAS-Fragen**

erfordern beschreibende Antworten. Sie sind ausgerichtet auf Entdeckung und darauf, Muster und Charakteristika von sozialen Phänomenen, von Individuen, sozialen Gruppen aller Größen sowie sozialer Prozesse zu entdecken und zu beschreiben (Blaikie 2010, S. 60 f). Diese Art von Fragen steht in engem Bezug zur wissenschaftlichen Tätigkeit des **Beschreibens** (▶ Abschn. 3.2.1).

- **WARUM-Fragen**

zielen auf die Herausarbeitung der Gründe von bzw. für die Existenz von Merkmalsausprägungen und Regelmäßigkeiten ab. Hierbei geht es entweder darum, ein Phänomen im Kontext zu verstehen oder einzelne Beziehungen bzw. Aspekte zu isolieren und zu erklären. Diese Fragestellungen stehen demnach im Zusammenhang mit den Tätigkeiten des **Erklärens** oder **Verstehens** (▶ Abschn. 3.2.2) und bilden die Basis für mögliche **Vorhersagen** (▶ Abschn. 3.2.3).

- **WIE-Fragen**

befassen sich mit potenziellen Veränderungsprozessen und mit praktischen Interventionen. Sie stehen in Verbindung mit der Zielsetzung der **Veränderung** (▶ Abschn. 3.2.4), die mit einem Forschungsprojekt verbunden sein kann.

Die Beantwortung einer oder mehrerer Forschungsfragen macht aber alleine den Kern einer Studie noch nicht aus. Unerlässlich ist es auch, sich zu überlegen und darzulegen, aus welchem Grund ein Forschungsprojekt Antworten auf die Forschungsfrage sucht und aus welchem Grund es sinnvoll erscheint, sich überhaupt mit der gestellten Fragestellung zu befassen. Das **Forschungsziel** bettet demnach die Forschungsfrage in einen größeren Kontext ein und fragt nach der Relevanz, die hinter einem Projekt steht. Wozu dient ein Forschungsprojekt? Was ist seine wissenschaftliche oder auch praktische Relevanz? Sich über diese Frage im Klaren zu sein ist unabdingbar für die erfolgreiche Durchführung eines Untersuchungsprojektes. Diese Überlegungen und deren Zusammenhänge zu quantitativen und qualitativen Ansätzen werden wir im folgenden Kapitel (▶ Abschn. 3.2) vertiefen.

3.2 Zielsetzungen und Forschungsfragen in quantitativen und qualitativen Projekten

3.2.1 Beschreiben

Die Grundlage wissenschaftlicher Untersuchungen besteht zunächst darin, die für die Forschungsfrage und Zielsetzung relevanten Phänomene zu beschreiben. Die beschreibende Tätigkeit strebt eine umfassende Darlegung eines Phänomens, der Charakteristika einer bestimmten Personengruppe oder menschlicher Handlungen und Verhaltensweisen an (Blaikie 2010, S. 69 ff.). Nach Kornmeier (2007, S. 28 ff.) besteht das **Beschreiben** in einer differenzierten Wahrnehmung der für die Fragestellung relevanten Aspekte. Die Beschreibung umfasst im wissenschaftlichen Kontext weit mehr als im alltäglichen Sinne. So bestehen wissenschaftliche Beschreibungen aus Angaben über Ausprägungen, Zustände, Erscheinungsformen und Merkmale eines Sachverhaltes oder Phänomens. Dazu gehört das Definieren, Klassifizieren und Einordnen sowie die Darlegung möglicher verschiedener Ausprägungen (Hussy et al. 2013, S. 12). Diese Beschreibungen können entweder anhand von Zahlen und Häufigkeiten ausgedrückt werden oder in der Form von Text durch die Entwicklung von Kategorien und Typisierungen.

> **Beispiel**
> In einem Untersuchungsprojekt zum Thema der Relevanz von Work-Life-Balance-Maßnahmen könnte die beschreibende Tätigkeit in einer Zusammenstellung, Systematisierung und Typologisierung der subjektiven Sichtweisen auf Work-Life-Balance-Maßnahmen resultieren, die unterschiedliche Mitarbeiter eines bestimmten Unternehmens haben.

Der Beschreibung kommt in quantitativen und qualitativen Projekten eine unterschiedliche Bedeutung zu. In der **quantitativen** Forschung wird die Beschreibung oftmals als vorgelagerter Schritt angesehen. Dazu gehören auch die Operationalisierung der zentralen Begriffe sowie Angaben darüber, wie die zentralen Begriffe und Konstrukte erfasst und gemessen werden sollen. Forschungsprojekte, die auf quantitativen Ansätzen basieren, streben jedoch im Regelfall an, einen Schritt weiter zu gehen und bestimmte Aspekte eines Phänomens nicht nur zu beschreiben, sondern auch Ursache-Wirkungs-Beziehungen zwischen ihnen herzustellen.

In der **qualitativen** Forschung spielt die reine Beschreibung eine wichtige Rolle. Nach Mayring (2002, S. 21) muss am „Anfang einer Analyse […] eine genaue und umfassende Beschreibung (Deskription) des Gegenstandsbereichs stehen". Diese bildet die Basis für die nachfolgenden Interpretationen des Geschehens. Mit ihren genauen Beschreibungen bildet qualitative Forschung jedoch die Wirklichkeit nicht einfach nur ab. Vielmehr werden genaue Beschreibungen, insbesondere unbekannter Phänomene oder auch neuer Aspekte des bereits Bekannten, gezielt als Erkenntnisquelle genutzt (Flick et al. 2012, S. 14 ff.). Die Postmoderne und die damit verbundene Auflösung fest gefügter sozialer Lebenswelten, die zunehmende Flexibilität und Unübersichtlichkeit möglicher Lebensentwürfe, die Pluralisierung von Lebensformen sowie die Auflösung traditioneller Bezugspunkte im Kontext der Konstruktion und Konsolidierung der eigenen Identität (Flick et al. 2012, S. 17) erfordern offene Forschungsansätze für die Abbildung des Neuen und Unbekannten aus der Innenperspektive der jeweils Betroffenen heraus (Flick et al. 2012, S. 17). So kann auch eine „bloße" Beschreibung der subjektiven Sichtweisen der Betroffenen und ihrer Auffassung von Wirklichkeit sowie ihrer Praktiken und Handlungsweisen bereits einen großen Erkenntniszuwachs liefern.

3.2.2 Erklären und verstehen

Über die Beschreibung hinaus streben Forschungsprojekte oftmals an, einen Schritt weiter zu gehen und die relevanten Aspekte nicht nur zu benennen, differenziert wahrzunehmen, zu ordnen und zu klassifizieren, sondern diese auch zu erklären und umfassend zu verstehen. Die Unterscheidung zwischen diesen beiden wissenschaftlichen Tätigkeiten ist essenziell, da sie die verschiedenen Fundamente und Denkweisen widerspiegelt, auf denen quantitative und qualitative Ansätze beruhen. Basierend auf den Arbeiten von Wilhelm Dilthey (1833–1911) und hierbei insbesondere auf der Hermeneutik (Lehre des Verstehens) unterscheidet Max Weber zwischen dem verstehenden und erklärenden Ansatz. Während der erklärende Ansatz auf die Erforschung von Kausalität abzielt und diese aus den Naturwissenschaften ableitet, dient der verstehende Ansatz nach Webers Auffassung dazu, menschliches Handeln zu untersuchen (Crotty 1998). Auch wenn die wissenschaftstheoretische Debatte, welcher Ansatz für welche Zwecke zu bevorzugen ist, nicht abgeschlossen ist und vermutlich niemals abgeschlossen sein wird, hat sich doch der Konsens herauskristallisiert, dass es zur Untersuchung und Erforschung des menschlichen Handelns und zwischenmenschlicher Interaktionen sowohl erklärender als auch verstehender Ansätze und Ziele bedarf (Blaikie 2007; Crotty 1998).

Beim **Erklären** geht es darum, Ursache-Wirkungs-Zusammenhänge und Regelmäßigkeiten herauszufinden sowie die Mechanismen zu identifizieren und zu erkennen, die hinter diesen Zusammenhängen und Gesetzmäßigkeiten stehen und die diese hervorrufen. Das **Verstehen** zielt hingegen darauf ab, individuelle Gründe, Intentionen und Motivationen aufzudecken, die soziale Akteure ihrem Handeln und Verhalten zuschreiben. Es geht darum, Sinn und Bedeutung in Erfahrung zu bringen, die ein Handeln in einem bestimmten sozialen Kontext für die jeweilige an der Untersuchung teilnehmende Person hat. Entweder wird der Sinn durch die Person direkt genannt oder die Forschenden leiten ihn aus ihren Erzählungen ab (Blaikie 2010, S. 71 ff.). Verfolgen Forschende das Untersuchungsziel des Erklärens, nehmen sie die Perspektive einer objektiven, unbeteiligten Person ein, die das Geschehen **von außen** betrachtet. Beim Verstehen hingegen streben Forschende danach, das zu untersuchende Phänomen aus dem Blickwinkel und mit den Augen der Betroffenen, also aus der **Innenperspektive** heraus, zu sehen (Blaikie 2007, 2010). Das Ziel besteht hierbei darin, die individuelle Bedeutung und den Sinn einer Handlung zu erschließen und zu entschlüsseln.

Die Unterscheidung zwischen den beiden Ansätzen beruht auf der Frage, wie das Verständnis eines Phänomens hergestellt wird bzw. in der Auffassung, worin und worauf das Verständnis beruht. Erklärungen identifizieren die Ursachen bestimmter Ereignisse oder Gesetzmäßigkeiten sowie der Mechanismen, die diese verursachen. Die Forscherin oder der Forscher betrachtet das Phänomen von außen.

Verstehen wird erzielt auf Basis der Gründe, die die untersuchten Personen hinter dem entsprechenden Phänomen sehen bzw. diesem zuweisen. Hier geht es um den Sinn und die Bedeutung, die das zu besprechende Phänomen für die jeweilige Person hat, wobei der Sinn entweder explizit genannt werden kann oder durch die Forscherin oder den Forscher auf Basis der geschilderten Zusammenhänge erschlossen werden kann. Die forschende Person nimmt die Innenperspektive ein.

> **Definition**
>
> **Erklären** beschreibt die Isolierung von Ursache-Wirkungs-Beziehungen und das Herausarbeiten der Elemente, Faktoren und Mechanismen, die für die Herstellung eines bestimmten Zustands oder von Regelmäßigkeiten verantwortlich sind. Hierbei wird ein Phänomen **von außen** betrachtet (Blaikie 2007, 2010).
> Beim **Verstehen** geht es um das Erfassen eines Phänomens in seiner Ganzheit sowie um das Herausarbeiten der individuellen Gründe und Intentionen für eine bestimmte soziale Handlung, Interaktion oder eines Phänomens auf der Basis der Ausführungen, die die betroffenen Personen nennen. Hierbei wird angestrebt, das untersuchte Phänomen aus der **Innenperspektive** heraus zu betrachten (Blaikie 2007, 2010).

Beispiel

Bleiben wir beim Untersuchungsprojekt zum Thema Work-Life-Balance. Beim Erklären würde es beispielsweise darum gehen, zu erkennen, inwieweit bestimmte Work-Life-Balance-Maßnahmen in verschiedenen Alterskategorien von größerer (oder kleinerer) Relevanz sind als andere. Das Ziel würde hierbei zum Beispiel darin bestehen, herauszufinden, ob ausgewählte Maßnahmen der Work-Life Balance für Mitarbeiter bestimmter Altersstufen besonders wirkungsvoll erscheinen. Es würde darum gehen, mögliche Regelmäßigkeiten in den Unterschieden zu erkennen.

Beim Verstehen würde das Interesse hingegen darin bestehen, die individuellen Beweggründe herauszufinden, die dazu führen, dass eine bestimmte Work-Life-Balance-Maßnahme besonders angenommen wird. Es wäre das Ziel, die subjektive Bedeutung zu erfassen, die eine Maßnahme für unterschiedliche Mitarbeiter/-innen hat. Mögliche Bedeutungsunterschiede zwischen verschiedenen Altersgruppen könnten zwar durchaus erkannt und verglichen werden, es wird jedoch nicht das Ziel verfolgt, Regelmäßigkeiten in den Unterschieden zu erkennen.

In der Unterscheidung zwischen Erklären und Verstehen spiegeln sich die unterschiedlichen Denkweisen und Menschenbilder wider, die in ▶ Kap. 2 erläutert wurden. Hinter dem Ziel, Handlungen zu erklären, indem Ursache-Wirkungs-Zusammenhänge aufgedeckt werden, steht die **positivistische Sichtweise,** nach der menschliches Verhalten überhaupt in Gesetzmäßigkeiten verläuft. Um diese abbilden zu können, bietet sich die Wahl **quantitativer Methoden** an.

Geht es Forschenden hingegen um das Sinnverstehen, also darum, die subjektive Bedeutung einer Handlung zu entschlüsseln, die von Individuum zu Individuum verschieden sein kann, basiert diese Entschlüsselung auf dem **Interpretativismus,** gemäß dem die individuellen Akteure ihrem Handeln Sinn beifügen. Um diesen erschließen zu können, stehen **qualitative Forschungsmethoden** im Fokus (Blaikie 2007, 2010). Die jeweiligen Menschenbilder und Sichtweisen, auf denen quantitative und qualitative Ansätze basieren, sind damit unmittelbar und untrennbar mit den jeweiligen Forschungsfragen und Zielsetzungen verknüpft.

3.2.3 Vorhersehen

Eine weitere wissenschaftliche Tätigkeit besteht im **Vorhersehen** eines Phänomens, Verhaltens, Handelns oder Erlebens. Diese Tätigkeit ist zukunftsgerichtet und strebt an, zukünftige Ereignisse vorherzusagen oder die Folgen eines Ereignisses abzuschätzen.

Auch in dieser wissenschaftlichen Tätigkeit spiegeln sich die beiden unterschiedlichen Denkweisen und Menschenbilder wider. So setzt der Blick in die Zukunft die Annahme voraus, dass bestimmte Regel- und Gesetzmäßigkeiten, die in der Gegenwart aufgedeckt wurden, auch in der Zukunft eintreten werden. Diese Annahme beruht wiederum auf der positivistischen Denkweise und geht mit der Wahl quantitativer Ansätze einher. Nur wenn davon ausgegangen wird, dass menschliches Verhalten über Ursache-Wirkungs-Zusammenhänge erklärt werden kann, ist Verhalten auch vorhersehbar. Als Beispiel dafür kann die Wahlforschung mit ihren Hochrechnungen zum zukünftigen Wahlausgang genannt werden.

In Ansätzen, die auf einer interpretativistischen Sichtweise basieren und menschliches Handeln auf individuelle Bedeutungen und Sinnzuschreibungen zurückführen, wird das Ziel der Vorhersage hingegen im Regelfall als für nicht möglich erachtet. Auch hieran wird wiederum ersichtlich, wie stark die verschiedenen Ebenen der Unterscheidung quantitativer und qualitativer Ansätze zusammenhängen und untrennbar miteinander verknüpft sind.

3.2.4 Verändern

Eine weitere wichtige Rolle in Forschungsprojekten kann die wissenschaftliche Tätigkeit des **Veränderns** spielen, die menschliches Erleben, Verhalten und Handeln nicht nur beschreibt, erklärt bzw. versteht oder vorhersieht, sondern auch beeinflusst. Diese Veränderungen können entweder in Verbindung mit der Untersuchung an sich stehen oder eine Folge der Ergebnisanalyse sein (Blaikie 2007). Wenngleich diese Ausrichtung von Forschungsprojekten in der Grundlagenforschung keine allzu große Rolle spielt, kommt ihr doch vor allem im klinischen und pädagogischen Bereich eine große Bedeutung zu (Hussy et al. 2013, S. 19).

Forschungsprojekte, die die Veränderung eines Phänomens oder menschlichen Verhaltens anstreben, können sowohl auf quantitativen als auch qualitativen Ansätzen basieren.

? Fragen
1. Was ist der Unterschied zwischen Forschungsfrage und Forschungsziel?
2. Welche unterschiedliche Bedeutung haben beschreibende Forschungsziele in quantitativen und qualitativen Projekten?
3. Was ist der Unterschied zwischen den Forschungszielen Erklären und Verstehen?

3

✅ Antworten

1. Die Forschungsfrage konkretisiert, was untersucht werden soll. Das Forschungsziel bettet die Forschungsfrage oder auch mehrere Forschungsfragen in einen größeren Kontext ein. Das Ziel beschäftigt sich über die reine Frage hinaus auch mit der Relevanz, warum es sinnvoll ist, sich mit der Fragestellung zu befassen und nach möglichen Antworten für die Forschungsfrage(n) zu suchen.

2. Der Beschreibung kommt in quantitativen und qualitativen Projekten eine unterschiedliche Bedeutung zu. In der quantitativen Forschung wird die Beschreibung oftmals als vorgelagerter Schritt angesehen, bevor die entsprechenden Ursache-Wirkungs-Zusammenhänge oder Regelmäßigkeiten eines Phänomens im Fokus der eigentlichen Untersuchung stehen. In der qualitativen Forschung bildet die Beschreibung des Gegenstandsbereichs die Basis für die nachfolgenden Interpretationen des Geschehens. Genaue Beschreibungen insbesondere unbekannter Phänomene oder auch neuer Aspekte des bereits Bekannten werden hierbei bereits gezielt als Erkenntnisquelle genutzt.

3. Beim Erklären geht es darum, Ursache-Wirkungs-Beziehungen zu isolieren und Regelmäßigkeiten in bestimmten Phänomenen herauszuarbeiten sowie die Mechanismen zu identifizieren und zu erkennen, die hinter diesen Zusammenhängen und Gesetzmäßigkeiten stehen und die diese hervorrufen. Hierbei wird ein Phänomen von außen betrachtet. Beim Verstehen geht es um das Erfassen eines Phänomens in seiner Ganzheit. Das Verstehen zielt darauf ab, individuelle Gründe, Intentionen und Motivationen aufzudecken, die soziale Akteure ihrem Handeln und Verhalten zuschreiben. Es geht darum, Sinn und Bedeutung in Erfahrung zu bringen, die ein Handeln in einem bestimmten sozialen Kontext für die jeweilige an der Untersuchung teilnehmende Person hat. Die Forschenden streben hierbei danach, das zu untersuchende Phänomen aus dem Blickwinkel und mit den Augen der Betroffenen, also aus der Innenperspektive heraus, zu sehen.

❓ Reflexionsaufgabe

Sie führen ein Forschungsprojekt zum Thema Mitarbeitermotivation durch. Formulieren Sie je ein mögliches Untersuchungsziel, das darauf ausgerichtet ist, das Phänomen der Mitarbeitermotivation zu beschreiben, zu erklären und zu verstehen.

Zusammenfassung und Fazit

Für den Erfolg eines Forschungsprojektes ist es unerlässlich, eine klare Zielsetzung zu verfolgen und eine oder mehrere schlüssige Forschungsfragen zu formulieren. Während die Forschungsfrage auf den Punkt bringt, was untersucht werden soll, schließt das Forschungsziel mit ein, warum es sinnvoll und relevant erscheint, sich mit der oder den Forschungsfrage(n) zu beschäftigen und nach Antworten auf diese suchen zu wollen. In der Literatur werden unterschiedliche Typen und Klassifizierungssysteme von

Forschungszielen und –fragen unterschieden, wobei wir insbesondere auf die Was-Warum- und Wie-Fragen sowie die Ziele des Beschreibens, Erklärens und Verstehens, sowie des Vorhersehens und Veränderns eingegangen sind.

Die beschreibende Tätigkeit strebt eine umfassende und differenzierte Darlegung eines Phänomens, der Charakteristika einer bestimmten Personengruppe oder menschlicher Handlungen und Verhaltensweisen an. Der Beschreibung kommt, wie wir gesehen haben, in quantitativen und qualitativen Projekten eine unterschiedliche Bedeutung zu. Auch die Zielsetzungen des Erklärens und Verstehens können direkt in Bezug zu den verschiedenen Forschungsansätzen gesetzt werden. Während der erklärende Ansatz auf die Erforschung von Kausalität abzielt und diese aus den Naturwissenschaften ableitet, dient der verstehende Ansatz dazu, Sinn und Bedeutung menschlichen Handelns zu untersuchen und den Untersuchungsgegenstand aus der Innenperspektive der Betroffenen zu betrachten. Ausgehend von diesen Ausführungen wird deutlich, dass sich bei erklärenden Zielsetzungen ein quantitatives Vorgehen anbietet, während sich der verstehende Ansatz einer qualitativen Vorgehensweise bedient. Die wissenschaftliche Tätigkeit des Vorhersehens wiederum geht auf Basis der Annahme bestimmter Regel- und Gesetzmäßigkeiten mit der Wahl quantitativer Ansätze einher, während Forschungsprojekte, die die Veränderung eines Phänomens oder menschlichen Verhaltens anstreben, sowohl mit quantitativen als auch qualitativen Ansätzen verbunden sein können.

Die Ziele und Fragestellungen eines Untersuchungsprojektes sind demnach als eine Reflexion der unterschiedlichen Denkweisen und Menschenbilder zu sehen, die wir im vorherigen ► Kap. 2 kennengelernt haben, und stehen jeweils in unmittelbarem Zusammenhang mit den Kerncharakteristika quantitativer und qualitativer Ansätze. Die Wahlmöglichkeiten der für ein Projekt infrage kommenden Forschungsmethoden sollten somit im Regelfall direkt aus der jeweiligem Zielsetzung abgeleitet werden können.

Literatur

Blaikie, N. (2007). *Approaches to social enquiry* (2. Aufl.). Cambridge: Polity.

Blaikie, N. (2010). *Designing social research. The logic of anticipation* (2. Aufl.). Cambridge: Polity.

Crotty, M. (1998). *The foundations of social research. meaning and perspective in the research process.* London: Sage.

Flick, U., von Kardorff, E., & Steinke, I. (Hrsg.). (2012). *Qualitative Forschung. Ein Handbuch* (9. Aufl.). Reinbek bei Hamburg: Rowohlt Taschenbuch.

Hussy, W., Schreier, M., & Echterhoff, G. (2013). *Forschungsmethoden in Psychologie und Sozialwissenschaften für Bachelor* (2. Aufl.). Berlin: Springer.

Kornmeier, M. (2007). *Wissenschaftstheorie und wissenschaftliches Arbeiten.* Heidelberg: Physica.

Kornmeier, M. (2009). *Wissenschaftlich schreiben leicht gemacht* (2. Aufl.). Bern: Haupt Verlag.

Mayring, P. (2002). *Einführung in die Qualitative Sozialforschung* (5. Aufl.). Weinheim: Beltz.

Unterschiedliche Antwortstrategien und Denklogiken

Deduktiv, induktiv oder abduktiv?

Die Ausführungen in diesem Kapitel basieren auf folgendem Studienbrief: Wichmann, A. (2017). Ein Blick hinter die Kulissen quantitativer und qualitativer Forschung. Studienbrief der Hochschule Fresenius online plus GmbH. Idstein: Hochschule Fresenius online plus GmbH.

Wie wir gesehen haben, werden je nach Denkweise und Menschenbild einer Forscherin oder eines Forschers in einem Projekt verschiedene Zielsetzungen verfolgt und unterschiedliche Fragestellungen behandelt. Forschende unterscheiden sich dabei auch grundlegend in der Art und Weise, wie sie auf die Suche nach den Antworten auf ihre Forschungsfragen gehen. Mit diesen verschiedenen Ansätzen und Antwortstrategien werden wir uns nachfolgend beschäftigen.

4

Nach eingehender Lektüre dieses Kapitels können Sie ...

- die verschiedenen Strategien zur Beantwortung der Forschungsfragen in quantitativen und qualitativen Forschungsprojekten voneinander abgrenzen
- die deduktive und induktive Vorgehensweise bei der Beantwortung von Forschungsfragen beschreiben
- die Besonderheiten der Abduktion als Strategie zur Beantwortung von Forschungsfragen erklären
- die jeweiligen Antwortstrategien zu quantitativen und qualitativen Vorgehensweisen in Bezug setzen

Die Forschungsfragen und Zielsetzungen sind in einem Projekt erstellt. Nun geht es im nächsten Schritt darum, auf welche Art und Weise die Fragen beantwortet werden. Und auch hier wird mit völlig verschiedenen Ansätzen gearbeitet, die sich wiederum auf der Methodenebene in der Entscheidung für ein quantitatives oder qualitatives Vorgehen widerspiegeln. Soll die Forschungsfrage beantwortet werden, indem die Forschenden Daten erheben und ausgehend von diesen Generalisierungen aufstellen? Oder indem eine passende Theorie verwendet wird, anhand derer sich zu testende Hypothesen aufstellen lassen? Oder indem nach zugrunde liegenden Mechanismen gesucht wird, die ein bestimmtes Phänomen verursachen? Oder indem die Forschenden den betroffenen Personen zuhören und darauf hinarbeiten, deren Sinn- und Bedeutungszuschreibungen zu verstehen? Diese Beantwortungsstrategien unterscheiden sich in ihren Annahmen, Ausgangspunkten (▶ Kap. 2), Denklogiken, in ihrem Einsatz von Konzept und Theorie, in ihrem Arbeitsprozess (▶ Kap. 6), und der Art der erzielten Ergebnisse (▶ Kap. 5) (Blaikie 2010). Sie werden als **deduktives, induktives** oder **abduktives** Vorgehen bezeichnet.

4.1 Deduktives Vorgehen

Beim **deduktiven** Vorgehen sucht die Forscherin oder der Forscher zunächst nach einer Theorie, die eine oder mehrere potenzielle Antworten auf die entsprechende Forschungsfrage liefert bzw. einen oder mehrere mögliche Erklärungsansätze für das zu untersuchende Phänomen bietet. Die Theorie stellt jedoch keinesfalls eine sichere Erkenntnis dar, sondern obliegt der weiteren Überprüfung durch die Forscherinnen und Forscher in ihren Projekten (Hussy et al. 2013, S. 8 f.). Eine Theorie könnte beispielsweise Zusammenhänge zwischen dem Besitz von Fahrrädern und Fahrradkörben thematisieren. Aus der gewählten Theorie wird in einem nächsten Schritt eine **Hypothese** abgeleitet, die eine konkrete, überprüfbare Aussage sozusagen als provisorische Antwort auf die Forschungsfrage liefert (Hussy et al. 2013, S. 8).

> **Definition**
>
> **Hypothesen** sind überprüfbare Teile einer Theorie, die als „systematisches Gefüge von Ideen und Annahmen über einen definierten Gegenstandsbereich" (Sedlmeier und Renkewitz 2013, S. 16) definiert werden.

Die Hypothese greift somit diejenigen Aspekte einer Theorie in einem systematischen Gefüge auf, die es im Rahmen eines Forschungsprojektes konkret zu prüfen gilt. Im vorangehenden Beispiel könnte sie lauten: „Es gibt einen positiven Zusammenhang zwischen dem Besitz eines Fahrrads und eines Fahrradkorbs." Hintergrund dieser Vorgehensweise ist die folgende Logik: „Wenn die Theorie stimmt, dann muss auch die Hypothese zutreffen – trifft sie nicht zu, kann auch die Theorie nicht stimmen." (Hussy et al. 2013, S. 8). Der oder die Forschende macht sich nun daran, die Hypothese zu testen und damit die Aussagekraft der Theorie zu prüfen, indem sie/er beispielsweise eine Befragung unter Fahrradhaltern durchgeführt. Jeder Fahrradhalter, der auch einen Fahrradkorb besitzt, würde die vorläufige Aussagekraft der Theorie unterstreichen. Stößt die/der Forschende jedoch auf einen Fahrradhalter ohne Fahrradkorb, müsste die Theorie verworfen oder zumindest überarbeitet bzw. deren Gültigkeit eingegrenzt werden.

> **Definition**
>
> Aus der Logik kommend bedeutet **Deduktion**, aus dem Allgemeinen (zum Beispiel aus Theorien, Regeln oder Gesetzen) das Besondere/Einzelne abzuleiten.

Der deduktive Ansatz als Antwortstrategie auf Forschungsfragen ist aufgrund der ihm zugrunde liegenden Denklogik an ein **quantitatives Vorgehen** gekoppelt. Aus Theorien werden Hypothesen abgeleitet, die im konkreten Einzelfall objektiv gemessen und geprüft werden. Die Ergebnisse der Prüfung führen dann entweder zur vorläufigen Bekräftigung oder zur Widerlegung der Theorie, wobei der letztere Fall oftmals eine Überarbeitung der Theorie zur Folge hat.

Die deduktive Denklogik hat Einfluss auf die **Rolle und Platzierung von theoretischen Überlegungen** in einem Forschungsprojekt. Die Theoriearbeit findet zu Beginn einer Studie statt. Eine (oder mehrere) gewählte Theorie wird im Verlauf des Projekts geprüft. Sie wird zum Rahmenmodell für die ganze Studie, organisiert die Forschungsfragen und die Hypothesen, die es zu testen gilt. Sie bildet damit die Grundlage für den kompletten Datenerhebungsprozess (Creswell 2009).

4.2 Induktives Vorgehen

Eine völlig andere Art und Weise der Beantwortung von Forschungsfragen liegt der **induktiven Vorgehensweise** zugrunde. Hier wird nicht bereits vorab in der Literatur nach potenziell möglichen Antworten gesucht, sondern die Beantwortung der Fragestellung wird durch Erkenntnisse aus Erfahrungen und durch konkrete Einzelbeobachtungen gewonnen. Diese Vorgehensweise wird oftmals auch im Alltag verwendet. Wenn wir beispielsweise Herrn Müller beobachten, der ein Fahrrad und ebenfalls einen Fahrradkorb hat, und auch bei Frau Huber, Herrn Schneider und Frau Fischer feststellen, dass diese sowohl ein Fahrrad als auch einen Fahrradkorb besitzen, werden wir unter Umständen irgendwann die Theorie bzw. Hypothese aufstellen, dass es einen Zusammenhang zwischen dem Besitz eines Fahrrads und eines Fahrradkorbs gibt. Die Antworten werden also durch gleichartige Erfahrungen gewonnen (Hussy et al. 2013, S. 7 f.). Die gewonnenen Erkenntnisse sind jedoch nie ganz sicher – sie unterliegen immer einer bestimmten Wahrscheinlichkeit und sind damit stets kritisch zu hinterfragen. Dennoch kommt der induktiven Vorgehensweise in der Forschung eine wichtige Bedeutung zu, weil sich auf diese Weise neue Erkenntnisse und Theorien gewinnen lassen, die mit anderen Vorgehensweisen gegebenenfalls nicht erkannt werden können.

Definition

Unter **Induktion** wird verstanden, Schlussfolgerungen von Einzelfällen bzw. Einzelbeobachtungen auf das Allgemeine und Regel- bzw. Gesetzmäßige zu ziehen.

Gemäß der induktiven Denklogik wird ausgehend von einzelnen Beobachtungen auf eine generell gültige Gesetzmäßigkeit geschlossen (Chalmers 1999). Je öfter eine bestimmte Beobachtung gemacht wird, desto größer ist die Wahrscheinlichkeit, dass die Gesetzmäßigkeit tatsächlich „wahr" bzw. die Theorie aussagekräftig ist. Dieses Verfahren wird auch als **quantitativ-induktive Vorgehensweise** bezeichnet (Chalmers 1999). Aber auch qualitative Ansätze können dieser Art von Denklogik unterliegen, nämlich dann, wenn einzelne Fälle im Detail untersucht werden und die auf diese Art und Weise entstandenen Erkenntnisse im Anschluss in andere Kontexte übertragen werden. Dieses Vorgehen wird **qualitativ-induktiv** genannt (▶ Kap. 5).

Welche Rolle kommt der Theorie in Projekten mit induktiver Denklogik zu und wie und wo wird sie platziert? Die durch Einzelerfahrungen gewonnen Erkenntnisse führen entweder zur Aufstellung einer Theorie oder zur kontextspezifischen Weiterentwicklung einer bereits bestehenden Theorie (Creswell 2009). Ein Großteil der Theoriearbeit findet somit erst nach der Datenerhebung statt (▶ Kap. 6). Jedoch auch zu Beginn eines Projektes muss bereits mit Theorie gearbeitet werden. Die Literatur, die bereits vor der Datenerhebung gesichtet wird, dient der Generierung der Forschungsfrage und Zielsetzung sowie der Einordnung des Projekts und dessen Kontextualisierung. Ein großer Teil der Theoriearbeit erfolgt jedoch nach bzw. im Kontext der Datenerhebung, wenn eine Theorie als Erklärung einzelner Beobachtungen gewonnen wird, entweder generiert aus und gegenstandsbegründet in den Daten oder als kontextspezifische Weiterentwicklung einer bestehenden Theorie, die die Ergebnisse erklärt (Creswell 2009).

4.3 Abduktives Vorgehen

Die in der Literatur noch eher selten aufgeführte, aber immer wichtiger werdende **abduktive Denklogik** geht wiederum auf völlig unterschiedliche Art und Weise vor, auch wenn bei dieser Denklogik der Erkenntnisgewinn zunächst ähnlich wie bei der Induktion mit der Erhebung von Daten beginnt. Hierbei wird nach Antworten auf Forschungsfragen gesucht, indem nach möglichen Ursachen Ausschau gehalten wird, deren mögliche Folge das beobachtete Phänomen sein könnte. Dieses Prinzip wird auch im Alltag oft verwendet, wenn wir bewusst und unbewusst auf die Suche nach Erklärungen für beobachtete Alltagsphänomene gehen. Wenn beispielsweise ein Geschäftsmann in der U-Bahn schläft, gehen wir unter Umständen davon aus, dass dieser einen anstrengenden Tag hatte. „Vereinfacht formuliert sucht man mit der aus der Logik stammenden Abduktion nach (unbekannten) Ursachen (B), die zusammen mit einer bekannten Gesetzmäßigkeit (A) ein beobachtetes Ereignis (Phänomen) (C) plausibel erklären können." (Kornmeier 2007, S. 82). Wir beobachten also den Fall, dass Herr Müller einen Fahrradkorb hat und suchen nun in der Literatur nach möglichen Gründen dafür. Dabei stoßen wir auf den Zusammenhang zwischen dem Besitz eines Fahrrads und einem Fahrradkorb. Doch im vorliegenden Fall könnte dieser Zusammenhang trivial erscheinen und es geht nicht darum, diesen bereits vorliegenden Zusammenhang zu bestätigen, sondern durch einen kreativen Prozess eine neue Regel aus den Daten heraus zu finden, die ein (unter Umständen unerwartetes) Ereignis erklärt. Gibt es also nicht auch noch andere Gründe, warum ein Individuum einen Fahrradkorb besitzen könnte? Möglicherweise verwendet Herr Müller den Fahrradkorb zum Einkaufen? Oder er verwendet den Korb als kreativen Kübel zur Bepflanzung seiner Blumen für die Terrasse? Dass Herr Müller ein Fahrrad besitzt, ist möglich, aber keinesfalls belegt. Dennoch ist dieser mögliche identifizierte Zusammenhang erkenntnisreich, muss aber in anderen Kontexten untersucht und weiterverfolgt werden.

> **Definition**
>
> In der **Abduktion** bildet ein beobachtetes Ereignis den Ausgangspunkt. Es wird nun nach möglichen, jedoch unbekannten Ursachen gesucht, deren mögliche Folge das Ereignis sein könnte, unter der Annahme, dass eine bestimmte Regel in diesem Kontext plausibel wäre (Kornmeier 2007, S. 80 ff.).

Die abduktive Denklogik spielt für die **qualitative Vorgehensweise** eine wichtige Rolle, weil sie das miteinschließt, was die induktive und deduktive Strategie ausschließen, nämlich die Bedeutungen und Interpretationen, Motive und Absichten, die die Menschen mit ihren Aktivitäten im Alltagsleben verbinden und die hinter ihrem Handeln stehen. Genau diese Aspekte werden zum zentralen Anknüpfungspunkt der abduktiven Strategie (Blaikie 2010, S. 89 ff.). Abduktive Schlussfolgerungen bieten sich an, um verborgene und tieferliegende Ursachen menschlicher Handlungen aufzudecken (Blaikie 2007, 2010; Kornmeier 2007; Richardson und Kramer 2006). Nach Ansicht von Blaikie (2010) und Kornmeier (2007) ist die Abduktion die geeignete

Denklogik, um neue oder unbekannte Phänomene und Situationen zu verstehen und deren Bedeutung zu entschlüsseln. Die Ursprünge dieses Ansatzes gehen zurück auf den US-amerikanischen Philosophen Charles Sanders Peirce (1839–1914). Der Fokus wird in diesem Ansatz darauf gelegt, Bedeutungszuschreibungen, Motive und Intentionen zu enthüllen, die den Menschen in seinen Alltagshandlungen leiten.

Gemäß Blaikie (2007) beginnt abduktives Denken mit der Rekonstruktion und Analyse der Ausführungen, die ein Individuum direkt zu seinen eigenen Handlungen preisgibt. Da diese Sinnzuschreibungen im Regelfall unbewusst verlaufen, ist es Aufgabe der Forschenden, diese unbewussten und für selbstverständlich erachteten Prozesse an die Oberfläche zu holen. Sie müssen die Forschungspartnerinnen und -partner dazu ermutigen, über unbewusste Prozesse nachzudenken, was diese oftmals vorher nicht getan haben, da die untersuchten Zusammenhänge das eigene Handeln oftmals automatisch steuern, verinnerlicht sind und für selbstverständlich erachtet werden (Blaikie 2010, S. 89 ff.). Die an der Untersuchung beteiligten Personen drücken ihre Intentionen und Motive in ihren eigenen Worten aus, die dann von den Forschenden im Licht der bestehenden Theorie oder unter Entwicklung einer neuen theoretischen Idee analysiert und interpretiert werden. Die Theoriearbeit findet auch hier wiederum vor allem im Kontext bzw. in der Folge der Erhebung der Daten statt.

Die Forschenden versuchen, Beschreibungen zu liefern und ein Verständnis zu erhalten, das die Perspektive der Betroffenen wiedergibt und reflektiert. Dabei nehmen sie nicht den Blickwinkel von objektiven Forschenden ein, die über den Dingen stehen. Die erstellten Beschreibungen sind der Ausgangspunkt für die Entwicklung von Antworten auf WARUM-Fragen – nicht im Sinne der Erklärung von Ursache und Wirkung, sondern im Sinne eines Verständnisses, das darauf basiert, wie Menschen sich und ihre soziale Umwelt sehen und welche Sinnzuschreibungen, Bedeutungen und Motive hinter ihrem Handeln stehen (Blaikie 2010, S. 89 ff.).

> **Beispiel**
> Zur weiteren Veranschaulichung der drei Antwortstrategien greifen wir erneut das Projekt zum Thema Work-Life-Balance auf. Lassen Sie uns drei Untersuchungsdesigns betrachten, in denen die verschiedenen Antwortstrategien zum Ausdruck kommen.
>
> **Induktives Vorgehen:**
> In diesem Fall werden beispielsweise Befragungen zur Inanspruchnahme von Work-Life-Balance-Maßnahmen von Arbeitnehmern unterschiedlichen Alters vorgenommen. Werden Gemeinsamkeiten und Unterschiede in der Nutzung einzelner Maßnahmen in bestimmten Altersstufen bzw. Altersgruppen erkannt, kann gegebenenfalls die (noch zu prüfende) Theorie aufgestellt werden, dass eine bestimmte Work-Life-Balance-Maßnahme, wie beispielsweise die Inanspruchnahme von Teilzeit oder die Nutzung von Betriebskindergärten oder unternehmenseigenen Fitnessstudios etc., in einer bestimmten Altersgruppe von besonderer Bedeutung ist. Hierbei wird induktiv vorgegangen.

Deduktives Vorgehen:
Die Forschenden werden sich in diesem Fall auf die Suche nach möglichen Zusammenhängen zwischen dem Alter der Befragten und der Inanspruchnahme einzelner Maßnahmen der Work-Life-Balance machen. Sie stoßen dabei in der Literatur auf theoretische Ansätze, die das Thema Work-Life-Balance vor dem Hintergrund der unterschiedlichen Generationenkonzepte beleuchten. Aus diesen theoretischen Ansätzen werden nun Hypothesen über vermutete Zusammenhänge zwischen der Altersstruktur der Belegschaft und der Inanspruchnahme bestimmter Work-Life-Balance-Maßnahmen aufgestellt. Eine Hypothese in einer Längsschnittstudie könnte zum Beispiel lauten: „Wenn die Zahl der Mitarbeiter unter 30 Jahren steigt, erhöht sich die Zahl der Nutzer des unternehmenseigenen Fitnessstudios." Diese Hypothese wird in der Folge geprüft. Stoßen die Forschenden auf ein Unternehmen, bei dem auch bei sinkender Zahl der Mitarbeiter unter 30 Jahren die Nutzung des unternehmenseigenen Fitnessstudios steigt, müsste die Hypothese verworfen werden.

Abduktives Verfahren:
Welche Bedeutungsebenen und Motive könnten der Inanspruchnahme einer Work-Life-Balance-Maßnahme wie zum Beispiel eines unternehmenseigenen Fitnessstudios zugrunde liegen? Wir sichten die entsprechende Literatur und stoßen hierbei auf Motive wie Ausgleichs- und Ventilfunktion, Gesundheitsaspekte oder Muskelaufbau, etc. Aber gibt es nicht noch weitere Bedeutungsebenen, die hierbei ausschlaggebend sein könnten? Vielleicht ist bei einem der Befragten die Nutzung des unternehmenseigenen Fitnessstudios Folge einer verlorenen Wette? Die Forschenden versuchen in diesem Fall nun auf abduktive Weise durch offene Befragungen diese gegebenenfalls verborgenen – unter Umständen völlig überraschenden – Intentionen und Handlungsabsichten an die Oberfläche zu holen.

? Fragen
1. Was verbirgt sich hinter der deduktiven Vorgehensweise bei der Beantwortung von Forschungsfragen?
2. Wie gehen Forschende vor, die Forschungsfragen auf induktive Art und Weise beantworten?
3. Was sind die Besonderheiten der abduktiven Vorgehensweise bei der Beantwortung von Forschungsfragen?
4. Welche Antwortstrategien werden typischerweise bei quantitativen Ansätzen verfolgt, welche bei qualitativen Ansätzen?

✔ Antworten
1. Aus der Logik kommend bedeutet Deduktion, aus dem Allgemeinen, wie aus Theorien, Regeln oder Gesetzen das Besondere/Einzelne abzuleiten. Der deduktive Ansatz als Antwortstrategie auf Forschungsfragen ist aufgrund der ihm zugrunde liegenden Denklogik an ein quantitatives Vorgehen gekoppelt.

4

Aus Theorien werden Hypothesen abgeleitet, die im konkreten Einzelfall objektiv gemessen und geprüft werden. Die Ergebnisse der Prüfung führen dann entweder zur vorläufigen Bekräftigung oder zur Widerlegung der Theorie, wobei der letztere Fall oftmals eine Überarbeitung der Theorie zur Folge hat.

2. Unter Induktion wird verstanden, Schlussfolgerungen von Einzelfällen bzw. Einzelbeobachtungen auf das Allgemeine und Regel- bzw. Gesetzmäßige zu ziehen. Zur Beantwortung von Forschungsfragen wird bei der induktiven Vorgehensweise nicht bereits vorab in der Literatur nach potenziell möglichen Antworten gesucht, sondern die Beantwortung der Fragestellung wird durch Erkenntnisse aus Erfahrungen und durch konkrete, gleichartige Einzelbeobachtungen gewonnen. Gemäß der induktiven Denklogik wird ausgehend von einzelnen Beobachtungen auf eine generell gültige Gesetzmäßigkeit geschlossen. Die gewonnenen Erkenntnisse sind jedoch nie ganz sicher – sie unterliegen immer einer bestimmten Wahrscheinlichkeit und sind damit stets kritisch zu hinterfragen.

3. In der Abduktion bildet ein beobachtetes Ereignis den Ausgangspunkt. Es wird dann nach möglichen, jedoch unbekannten Ursachen gesucht, deren mögliche Folge das Ereignis sein könnte, unter der Annahme, dass eine bestimmte Regel in diesem Kontext plausibel wäre. Antworten auf Forschungsfragen werden also gesucht, indem nach möglichen Ursachen Ausschau gehalten wird, deren Folge das beobachtete Phänomen sein könnte. Die abduktive Denklogik schließt mit ein, was die induktive und deduktive Strategie ausschließen, nämlich Bedeutung und Sinn von Phänomenen sowie die Motive und Absichten, die die Menschen mit ihren Aktivitäten im Alltagsleben verbinden und die hinter ihrem Handeln stehen. Der Fokus wird in diesem Ansatz darauf gelegt, die Bedeutungszuschreibungen und Intentionen zu enthüllen, die den Menschen in seinen Alltagshandlungen leiten. Die Abduktion ist eine geeignete Denklogik, um neue oder unbekannte Phänomene und Situationen zu verstehen und deren Bedeutung zu entschlüsseln.

4. Der deduktive Ansatz als Antwortstrategie auf Forschungsfragen ist aufgrund der ihm zugrunde liegenden Denklogik an ein quantitatives Vorgehen gekoppelt. Das induktive Vorgehen kann sowohl quantitativ-induktiv, als auch qualitativ-induktiv ausgelegt sein. Die abduktive Denklogik spielt hingegen in der qualitativen Vorgehensweise eine wichtige Rolle.

Zusammenfassung und Fazit

Die Spezifizierung von Forschungsfrage(n) und Zielsetzungen in einem Untersuchungsprojekt geht stets einher mit der Art und Weise, auf die die jeweiligen Fragen beantwortet werden. Wir haben in diesem Kapitel gesehen, dass auch hier mit völlig verschiedenen Ansätzen gearbeitet wird, die sich wiederum auf der Methodenebene in der Entscheidung für ein quantitatives oder qualitatives Vorgehen widerspiegeln. Wir haben uns hierbei mit der deduktiven, induktiven und abduktiven Art der Beantwortung von Forschungsfragen beschäftigt. Der deduktive Ansatz als Antwortstrategie auf Forschungsfragen ist aufgrund der ihm zugrunde liegenden Denklogik der Ableitung des Besonderen aus dem Allgemeinen an ein quantitatives Vorgehen gekoppelt. Das induktive Vorgehen, von

Einzelfällen bzw. Einzelbeobachtungen auf das Allgemeine zu schließen, kann sowohl quantitativ-induktiv, als auch qualitativ-induktiv ausgelegt sein. Die abduktive Denklogik spielt hingegen in der qualitativen Vorgehensweise eine wichtige Rolle. Hierbei wird nach Antworten auf Forschungsfragen gesucht, indem nach möglichen Ursachen gesucht wird, deren Folge das beobachtete Phänomen sein könnte.

So unterschiedlich die Natur der jeweiligen Forschungsfrage ist, so verschieden sind auch die Strategien, die Sie in diesem Kapitel zur Beantwortung der Fragen kennengelernt haben. Diese Differenzierung spiegelt sich wiederum auch in unterschiedlichen Erwartungen an die Natur der jeweiligen Ergebnisse wider, denen wir uns im nun folgenden Kapitel widmen werden.

Literatur

Blaikie, N. (2007). *Approaches to social enquiry* (2. Aufl.). Cambridge: Polity.

Blaikie, N. (2010). *Designing social research. The logic of anticipation* (2. Aufl.). Cambridge: Polity.

Chalmers, A. F. (1999). *What is this thing called science?* (3. Aufl.). Maidenhead: Open University Press.

Creswell, J. W. (2009). *Research design. Qualitative, quantitative and mixed methods approaches.* Los Angeles: Sage.

Hussy, W., Schreier, M., & Echterhoff, G. (2013). *Forschungsmethoden in Psychologie und Sozialwissenschaften für Bachelor* (2. Aufl.). Berlin: Springer.

Kornmeier, M. (2007). *Wissenschaftstheorie und wissenschaftliches Arbeiten.* Heidelberg: Physica.

Richardson, R., & Kramer, E. H. (2006). Abduction as the type of inference that characterizes the development of a grounded theory. *Qualitative Research, 6*(4), 497–513.

Sedlmeier, P., & Renkewitz, F. (2013). *Forschungsmethoden und Statistik in der Psychologie* (2. Aufl.). München: Pearson Studium.

Unterschiedliche Ergebnisse

Verallgemeinerbarkeit oder Kontextbezogenheit? Unterschiedliche Fragestellungen führen zu
unterschiedlichen Ergebnissen

Die Ausführungen in diesem Kapitel basieren auf folgendem Studienbrief: Wichmann, A.
(2017). Ein Blick hinter die Kulissen quantitativer und qualitativer Forschung. Studienbrief
der Hochschule Fresenius online plus GmbH. Idstein: Hochschule Fresenius online plus
GmbH.

Quantitative und qualitative Ansätze beruhen auf verschiedenen Denkweisen. Sie setzen sich mit unterschiedlichen Fragestellungen auseinander und beantworten diese auf verschiedene Art und Weise. Daraus folgt, dass auch die jeweils erzielten Ergebnisse völlig unterschiedlicher Natur sind und heterogene Verwendungsmöglichkeiten mit sich bringen.

Nach eingehender Lektüre dieses Kapitels können Sie …
- die Heterogenität der Ergebnisse quantitativer und qualitativer Forschung erklären
- die Natur der Ergebnisse in quantitativen Studien beschreiben
- die Kontextbezogenheit der Ergebnisse qualitativer Studien erklären
- Verallgemeinerung und Übertragbarkeit von Ergebnissen unterscheiden
- die unterschiedlichen Möglichkeiten von Multi-Methods-Ansätzen benennen

5.1 Verallgemeinerbarkeit der Ergebnisse quantitativer Projekte

Wie wir gesehen haben, basieren quantitative Ansätze auf der Denkweise des Positivismus, der von der Annahme ausgeht, dass menschliches Verhalten auf Regelmäßigkeiten beruht, sich in Ursache-Wirkungs-Zusammenhängen darstellen lässt und quantifizierbar und messbar ist. Das Ziel der Forschung ist es demnach, Gesetzmäßigkeiten aufzustellen, die menschliches Verhalten nicht nur erklären, sondern auch vorhersehbar machen. Erreicht wird dies, indem in einer Untersuchung gezielt einzelne Aspekte eines Phänomens isoliert werden und deren Wirkung aufeinander getestet und erforscht wird. Die **Isolierung in Ursache-Wirkungs-Zusammenhängen** wird in quantitativen Ansätzen im Experiment oder mithilfe eines standardisierten Fragebogens vorgenommen (Hussy et al. 2013).

Aus diesen Annahmen und Vorgehensweisen folgt die Konsequenz, dass mit den Ergebnissen einer Untersuchung bestimmte Ziele und Ansprüche verfolgt werden. Diese Art von Forschung strebt nach Ergebnissen, die sich auszeichnen durch:
- **Verallgemeinerbarkeit:** Die Ergebnisse sollen repräsentativ sein für eine größere Einheit an Individuen, Situationen oder Fälle.
- **Wiederholbarkeit:** Wenn menschliches Verhalten entlang von Regelmäßigkeiten verläuft, dann sollen die Ergebnisse auch den Anspruch haben, sich bei einer erneuten Durchführung der Studie zu wiederholen.
- **Vergleichbarkeit:** Die Ergebnisse sollen bei der Untersuchung in anderen Kontexten die gleichen Regelmäßigkeiten hervorbringen.

Diese Ansprüche sind bis zu einem gewissen Grad mit den allgemein bekannten Anforderungen bzw. Gütekriterien identisch, die wissenschaftliche Erkenntnis (vermeintlich) zu erfüllen hat (Exkurs). Ganz anders dagegen ist die Natur der Ergebnisse von qualitativen Projekten zu verstehen, denen sich dieses Kapitel nun primär zuwendet.

> **Exkurs**
>
> **Klassische Gütekriterien**
>
> Die klassischen Gütekriterien, nach denen sich quantitative Untersuchungen prüfen lassen, sind die Objektivität, Reliabilität und Objektivität. **Objektivität** meint hierbei, dass unterschiedliche Personen, die eine bestimmte Untersuchung durchführen unter gleichen Bedingungen zu gleichen Ergebnissen kommen. **Reliabilität** bedeutet, dass eine Untersuchung bei wiederholter Durchführung bei relativ gleichbleibenden Bedingungen vergleichbare Ergebnisse liefert. **Validität** meint, dass eine quantitative Untersuchung das misst, was sie messen soll (Hussy et al. 2013, S. 23 ff.).

5.2 Kontextbezogenheit der Ergebnisse qualitativer Projekte

Qualitative Ansätze beruhen, wie wir gesehen haben, auf der Denkweise des Interpretativismus. Dieser stützt sich auf die Annahme, dass Menschen auf der Basis von Sinnzuschreibungen handeln und ihren Handlungen Bedeutung hinzufügen, die von Mensch zu Mensch verschieden sein können und daher meist nicht vorhersehbar sind. Den Sinn dieser Handlungen zu verstehen, ist das Forschungsziel, wobei sich der Prozess des Verstehens nicht durch die Isolierung einzelner Aspekte in Ursache und Wirkung gestaltet, sondern genau das Gegenteil geschieht: Das untersuchte Phänomen wird im Kontext betrachtet. Die Forscherin oder der Forscher geht davon aus, dass es zum vollumfassenden Verständnis eines Phänomens nötig ist, dieses im jeweiligen Kontext zu untersuchen, anstatt einzelne Aspekte zu isolieren (Flick 2012, S. 522). Der **Kontextualität** bedarf es hierbei nicht nur bei der Erhebung der Daten, sondern auch bei der Datenanalyse.

Ein qualitativ ausgerichtetes Projekt verfolgt nicht den Anspruch der Verallgemeinerung. Vielmehr liegt der Ansatzpunkt gerade im Gegenstück dazu, nämlich in der gezielten Untersuchung eines Einzelfalls, wobei die im Kontext entstehenden Zusammenhänge und Verläufe einbezogen werden (Flick 2012, S. 522). Durch diesen Kontextbezug haben die Ergebnisse qualitativer Projekte völlig andere Charakteristika als diejenigen, die in quantitativen Studien entstehen. So sind die Ergebnisse qualitativer Projekte …

- kontextbezogen,
- spezifisch und
- ausgerichtet auf das Sinnverstehen.

Qualitativ Forschende akzeptieren, dass ihre Ergebnisse kontext- und situationsspezifische Erklärungen und Interpretationen sozialer Vorgänge sind (Blaikie 2007). Doch auch diese spezifischen Einzelfallanalysen liefern wertvolle Erkenntnisse menschlicher Vorgänge. Wichtig ist jedoch, dass sich die Forschenden der Limitationen ihrer Studien bewusst sind, sie sorgfältig reflektieren und für die Lesenden nachvollziehbar darstellen.

Die Ergebnisse qualitativer Studien sind, wie wir gesehen haben, nicht darauf ausgerichtet, Ursache-Wirkungs-Zusammenhänge zu etablieren und Gesetzmäßigkeiten aufzustellen. Dennoch nimmt das Bewusstsein dafür und Streben danach, dass die erzielten Ergebnisse über den erforschten Gegenstand und Kontext hinaus relevant und von Bedeutung sind, in der qualitativen Forschung zu und die Forschenden reflektieren, inwiefern die eigenen Ergebnisse auf andere Kontexte übertragbar sind. Sie möchten Einzelfälle im Detail verstehen und überlegen dann systematisch und schrittweise, inwiefern und auf welche anderen Kontexte sich die erzielten Ergebnisse übertragen lassen (Flick 2012; Mayring 2002).

> **Beispiel**
> Greifen wir das Beispiel der Untersuchung nochmals auf, wie die geplante Verlegung der Unternehmenszentrale des mittelständischen Automobilzulieferers aus einer mittelgroßen Stadt in eine eher ländliche Region bei den betroffenen Mitarbeiterinnen und Mitarbeitern ankommt. Die subjektiven Perspektiven der Befragten werden hierbei mittels eines qualitativ-sinnverstehenden, leitfadengestützten Interviews untersucht.
> Neben den gezielt für die Geschäftsführung des betroffenen Unternehmens erzielten Erkenntnissen wird sich der Forschende im Rahmen der Studie überlegen, inwiefern sich die Ergebnisse und Interpretationen auf andere Kontexte übertragen lassen. Der Kontext kann in diesem Fall beispielsweise im Hinblick auf die Branche und Größe des untersuchten Unternehmens, aber auch bei der Betrachtung des Raums der Verlagerung relevant sein. Inwieweit spielt es bei der Analyse und Interpretation eine Rolle, dass es sich bei der betroffenen Firma um einen mittelständischen Automobilzulieferer handelt? Inwiefern es bedeutsam, dass die Standortverlagerung aus der Stadt in eine eher ländliche Region erfolgen soll? Diese Kontextfaktoren gilt es zu reflektieren. Basierend auf diesen Überlegungen wird der Forschende die Frage durchdenken, inwiefern sich die erzielten Ergebnisse und die entsprechenden Interpretationen auf andere Kontexte übertragen lassen. Können diese beispielsweise auch für Unternehmen anderer Größe oder Branchen relevant sein, die ihren Standort von einer ländlichen Region in eine andere ländliche Region verlagern?

Die Überlegungen zur möglichen Übertragbarkeit der Ergebnisse in andere Kontexte spiegeln sich bereits auf der Stichprobenebene wider. So ist der Grad der Übertragbarkeit oftmals abhängig davon, inwieweit typische Fälle gewählt werden oder ob mehrere Fälle selektiert werden, anhand derer das zu erforschende Phänomen untersucht wird (Blaikie 2010, S. 216 ff.). Daher sollten die Fragestellungen „Wofür steht ein Fall und wozu wird gerade dieser Fall ausgewählt?" bereits im Hinblick auf die angestrebte Übertragbarkeit der eigenen Ergebnisse in andere Kontexte sorgfältig durchdacht werden.

Nach Blaikie (2010, S. 216 ff.) und Flick (2012, S. 522 ff.) ist hierbei der Grad der Übereinstimmung zwischen dem untersuchten Kontext und den potenziellen Kontexten, auf die die Ergebnisse übertragen werden sollen, entscheidend. Folgende Fragestellungen sollten hierbei in diesem Prozess gestellt werden:

- Ist der untersuchte Fall typisch für andere Fälle?
- Für welche anderen Kontexte könnten die erzielten Ergebnisse noch relevant sein?
- Welche Unterschiede und Gemeinsamkeiten bestehen zwischen dem untersuchten Fall und den potenziellen Kontexten, für die die Ergebnisse relevant sein könnten?

Die Ergebnisse qualitativer Forschung sind kontextbezogen, tentativ und dynamisch. Dennoch tragen sie dazu bei, die Welt zu verstehen, in der wir leben, vor allem oder vielmehr gerade dann, wenn sich Forschende bescheidene Ziele setzen und einen kritischen und realistischen Blick auf das wahren, was das eigene Projekt in der Lage ist zu leisten (Exkurs).

Exkurs

Mixed-Methods-Ansätze

Dieses Buch widmet sich der Entwicklung eines umfassenden Verständnisses der Unterscheidung quantitativer und qualitativer Forschung. Die analytisch getrennte Betrachtung dieser beiden Vorgehensweisen in diesem Buch soll jedoch nicht darüber hinwegtäuschen, dass die Kombination beider Verfahren im Rahmen eines Forschungsprojektes als **Mixed-Methods-Ansatz** sehr sinnvoll sein kann, so lange dies schlüssig konzipiert und durchdacht ist.

Nach Flick (2012, S. 39 ff.) werden hierbei mehrere Möglichkeiten der Verknüpfung der beiden Verfahren unterschieden:

- **Überordnung quantitativer Forschung über qualitativer Forschung: Ein** primär quantitativ ausgelegtes Design wird durch qualitative Elemente (z. B. semi-strukturierte Interviews) vor oder nach der quantitativen Hauptstudie ergänzt
- **Überordnung qualitativer Forschung über quantitative Forschung: Ein** primär qualitativ ausgelegtes Design wird durch quantitative Elemente (z. B. einen kleinen Fragebogen) vor oder nach der qualitativen Hauptstudie ergänzt
- **Gleichwertiges Nebeneinander oder Nacheinander der beiden Ansätze:** Beiden Ansätzen wird im Rahmen eines Projektes der gleiche Stellenwert bei der Erkenntnisgewinnung eingeräumt.

Welche Variante auch immer gewählt wird, so ist es doch bei jeglicher Überlegung zur möglichen Kombination der beiden Ansätze essenziell, zu berücksichtigen,

- dass das gewählte Design für die Bearbeitung der jeweiligen Zielsetzung und Fragestellung eines Projektes angemessen ist.
- dass der komplette Forschungsprozess eines Projektes sorgfältig durchdacht ist und die einzelnen Schritte sinnvoll aufeinander aufbauen und in Bezug zueinander gesetzt werden.
- dass die Konzipierung der einzelnen Erhebungsinstrumente systematisch aufeinander aufbaut.
- dass die im Kontext der verschiedenen Ansätze entstehenden Ergebnisse sorgfältig abgeglichen werden.

---

② Fragen

1. Was sind die Kernunterschiede der Natur der Ergebnisse in quantitativen und qualitativen Untersuchungen?
2. Wie gehen Forschende vor, wenn sie die Übertragbarkeit der Ergebnisse einer qualitativen Studie auf andere Kontexte prüfen?
3. Welche grundsätzlichen Möglichkeiten von Mixed-Methods-Ansätzen gibt es und worauf gilt es bei der Durchführung solcher Ansätze besonders zu achten?

✅ Antworten

1. Während die Ergebnisse quantitativer Untersuchungen repräsentativ, wiederholbar und vergleichbar ein sollen, sind die Ergebnisse qualitativer Studien kontext- und situationsbezogen, spezifisch und ausgerichtet auf das Sinnverstehen. Ergebnisse quantitativer Untersuchungen sind im Regelfall das Ergebnis der Isolierung einzelner Aspekte eines Phänomens, während die Ergebnisse qualitativer Studien das jeweilige Phänomen im spezifischen Kontext abbilden. Auch wenn mit diesen Ergebnissen kein Anspruch auf Repräsentativität erhoben wird, wird dennoch als Teil des Forschungsprozesses geprüft, inwieweit sich die Ergebnisse einer qualitativen Untersuchung auf andere Kontexte übertragen lassen.

2. Die Überlegungen zur möglichen Übertragbarkeit der Ergebnisse qualitativer Studien in andere Kontexte beginnen oft bereits bei der Stichprobenwahl. So ist der Grad der Übertragbarkeit oftmals abhängig davon, inwieweit typische Fälle gewählt werden oder ob mehrere Fälle selektiert werden, anhand derer das zu erforschende Phänomen untersucht wird. Die Fragestellungen „Wofür steht ein Fall und wozu wird gerade dieser Fall ausgewählt?" sollten daher bereits im Hinblick auf die angestrebte Übertragbarkeit der eigenen Ergebnisse in andere Kontexte sorgfältig durchdacht werden.

   Für die eigentliche Prüfung der Übertragbarkeit der Ergebnisse in andere Kontexte machen sich die Forschenden Gedanken zu den Fragen, inwieweit der untersuchte Fall typisch ist für andere Fälle, für welche anderen Kontexte die erzielten Ergebnisse noch relevant sein könnten und welche Unterschiede und Gemeinsamkeiten zwischen dem untersuchten Fall und den potenziellen Kontexten, für die die Ergebnisse relevant sein könnten, bestehen. Hierbei sollte also der Grad der Überstimmung zwischen dem untersuchten Kontext und den potenziellen Kontexten, auf die die Ergebnisse übertragen werden sollen, sorgfältig geprüft und herausgearbeitet werden.

3. Bei der Durchführung von Mixed-Methods-Ansätzen können quantitative und qualitative Ansätze entweder zeitlich parallel oder nacheinander durchgeführt werden, wobei eines der beiden Verfahren dem anderen übergeordnet sein kann oder beide Verfahren gleichwertig verfolgt werden können. Von absoluter Relevanz hierbei ist, dass das gewählte Design für die Bearbeitung der jeweiligen Zielsetzung und Fragestellung eines Projektes angemessen ist. Ferner muss der komplette Forschungsprozess eines Projektes sorgfältig durchdacht sein, damit die einzelnen Schritte sinnvoll aufeinander aufbauen und in Bezug zueinander gesetzt werden können. Die einzelnen Erhebungsinstrumente sollten systematisch aufeinander aufbauen und die im Zuge der unterschiedlichen Schritte erzielten Ergebnisse sorgfältig abgeglichen werden.

Zusammenfassung und Fazit

Quantitative und qualitative Ansätze setzen sich mit unterschiedlichen Fragestellungen auseinander und beantworten diese mittels verschiedener Strategien, basierend auf ihrer jeweils spezifischen Denkweise. Die dabei entstehenden Ergebnisse sind demnach, wie wir in diesem Kapitel gesehen haben, natürlicherweise ebenfalls völlig unterschiedlich und bringen heterogene Verwendungsmöglichkeiten mit sich. Quantitative Ansätze bilden, wie wir herausgearbeitet haben, Regelmäßigkeiten im menschlichen Verhalten ab, die aus der Isolierung einzelner Elemente eines Phänomens abgeleitet werden. Aus dieser Vorgehensweise folgt unmittelbar, dass diese Art von Forschung nach Ergebnissen strebt, die verallgemeinerbar, wiederholbar und vergleichbar sind.

Demgegenüber erfolgt in qualitativer Forschung genau das Gegenteil. Elemente eines Phänomens werden nicht isoliert, sondern das Phänomen wird im jeweiligen Kontext betrachtet. Ein Phänomen kann gemäß dieser Denkhaltung nur verstanden werden, wenn es umfassend in den spezifischen Kontext eingeordnet wird. Durch diesen Kontextbezug haben die Ergebnisse qualitativer Projekte völlig andere Charakteristika als diejenigen, die in quantitativen Studien entstehen. So sind die Ergebnisse qualitativer Projekte stets kontextbezogen, spezifisch und ausgerichtet auf das Sinnverstehen. Das Ziel besteht hierbei darin, Einzelfälle im Detail zu verstehen, sodass sich daraus völlig natürlich ergibt, dass keine Verallgemeinerung angestrebt werden kann und soll. Die Ergebnisse sind nicht repräsentativ, haben aber dennoch Relevanz über den Untersuchungskontext hinaus, da die Forschenden im Zuge bzw. nach Abschluss der Erhebung systematisch und schrittweise prüfen, inwiefern und auf welche anderen Kontexte sich die erzielten Ergebnisse übertragen lassen.

Literatur

Blaikie, N. (2007). *Approaches to social enquiry* (2. Aufl.). Cambridge: Polity.
Blaikie, N. (2010). *Designing social research. The logic of anticipation* (2. Aufl.). Cambridge: Polity.
Flick, U. (2012). *Qualitative Sozialforschung. Eine Einführung* (5. Aufl.). Reinbek bei Hamburg: Rowohlt Taschenbuch.
Hussy, W., Schreier, M., & Echterhoff, G. (2013). *Forschungsmethoden in Psychologie und Sozialwissenschaften für Bachelor* (2. Aufl.). Berlin: Springer.
Mayring, P. (2002). *Einführung in die Qualitative Sozialforschung* (5. Aufl.). Weinheim: Beltz.

Unterschiedliche Arbeitsprozesse

Linear oder zirkulär?

Die Ausführungen in diesem Kapitel basieren auf folgendem Studienbrief: Wichmann, A. (2017). Ein Blick hinter die Kulissen quantitativer und qualitativer Forschung. Studienbrief der Hochschule Fresenius online plus GmbH. Idstein: Hochschule Fresenius online plus GmbH.

So unterschiedlich die Denkweisen, Fragestellungen und Antwortstrategien in quantitativen und qualitativen Forschungsansätzen sind, so verschieden sind auch die Vorgehensweisen bei der Arbeit am jeweiligen Untersuchungsprojekt. Im Folgenden werfen wir einen Blick auf die Arbeitsprozesse in quantitativen und qualitativen Projekten und werden hierbei vor allem auf die Unterschiede der beiden Vorgehensweisen eingehen.

Nach eingehender Lektüre dieses Kapitels können Sie …
- die Unterschiede im Arbeitsprozess bei quantitativen und qualitativen Forschungsprojekten benennen und erklären
- die lineare Abfolge der Arbeitsschritte in quantitativen Projekten beschreiben
- die Zirkularität des Arbeitsprozesses in qualitativen Projekten erklären
- die verschiedenen Stufen der Literaturarbeit in qualitativen Projekten beschreiben

6.1 Forschung als linearer Prozess

Der Arbeitsprozess in quantitativen Projekten kann als **lineare Abfolge** einer Reihe von Schritten charakterisiert werden, die unabhängig voneinander und nacheinander ausgeführt werden (Blaikie 2010; Flick 2012). Dieses Vorgehen entspricht der naturwissenschaftlichen Vorgehensweise in **quantitativen Projekten,** die wir in Verbindung mit der positivistischen Denkweise im ▶ Kap. 2 sowie der deduktiven Vorgehensweise in ▶ Kap. 4 kennengelernt haben.

Der Forscher oder die Forscherin sichtet zunächst die Literatur und überlegt sich am Schreibtisch, welche Modelle und Theorien die vermuteten Zusammenhänge im Hinblick auf die Forschungsfrage erklären könnten. Anschließend werden Hypothesen gebildet und Begriffe operationalisiert. Von Bedeutung ist hierbei „die saubere Zerlegung komplexer Zusammenhänge in unterscheidbare Variablen, deren Wirkung darüber isoliert und geprüft werden kann" (Flick 2012, S. 123). Alle diese Schritte finden im Vorfeld der Datenerhebung statt. Nach der Datenerhebung werden die Daten ausgewertet und die Hypothesen geprüft.

Konzeptionell-theoretische, methodische und empirische Schritte sind im Regelfall klar voneinander getrennt und werden nacheinander durchgeführt, was in ◨ Abb. 6.1 im Überblick dargestellt ist.

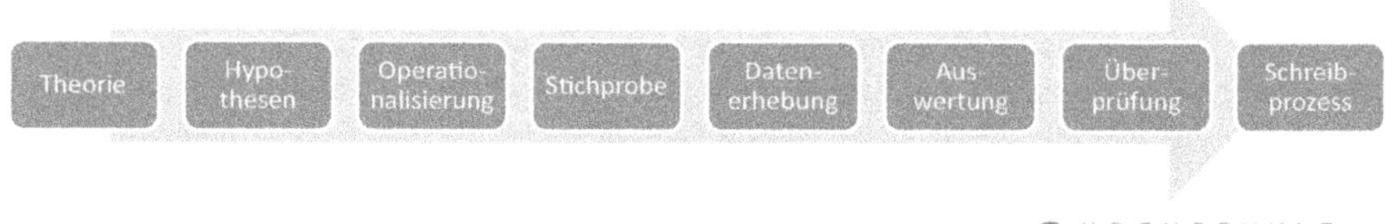

◨ **Abb. 6.1**   Forschung als linearer Prozess: Diese Abbildung stellt die lineare Abfolge der Arbeitsschritte in einem quantitativen Projekt dar

> **Beispiel**
> Eine Studierende schreibt ihre Bachelorarbeit zum Thema „Aufgaben von
> Führungskräften im Zeitalter des digitalen Wandels". In einem ersten Schritt
> recherchiert sie die Literatur zu diesem Thema. Sie beleuchtet die im Kontext der
> Studie relevanten Theorien, Konzepte und Modelle und arbeitet die zu dem Thema
> durchgeführten Studien und deren Ergebnisse auf. Aus der Literatur leitet sie eine
> kleine Forschungslücke ab. Sie konzipiert ein quantitatives Untersuchungsdesign,
> leitet aus der Literatur Hypothesen ab, führt die Datenerhebung über einen
> Fragebogen durch, analysiert die Daten und prüft die Hypothesen. Vor der
> Datenerhebung schreibt sie bereits ihren Literaturteil zu den theoretischen
> Grundlagen und zum Stand der Forschung. Die Ergebnisse und ihre Diskussion
> bringt sie nach Abschluss der Analyse aufs Papier. Die Arbeitsschritte sind klar
> voneinander getrennt und werden in linearer Abfolge ausgeführt.

6.2 Forschung als zirkulärer, emergenter Prozess

Im Unterschied zur linearen Vorgehensweise quantitativer Projekte mit klar voneinander abgegrenzten, nacheinander ausgeführten Schritten zeichnet sich der
Arbeitsablauf in **qualitativen Studien** durch die **wechselseitige Abhängigkeit der
einzelnen Schritte und Bausteine** aus. Im Forschungsprozess verlaufen Literaturarbeit, Datenerhebung und Datenauswertung nicht linear und voneinander isoliert,
sondern eng miteinander verzahnt, was in ◘ Abb. 6.2 grafisch dargestellt ist.

Zwar findet bereits im Vorfeld der Datenerhebung eine entsprechende Literaturarbeit und Auseinandersetzung mit der Theorie statt, jedoch wird das eigentliche

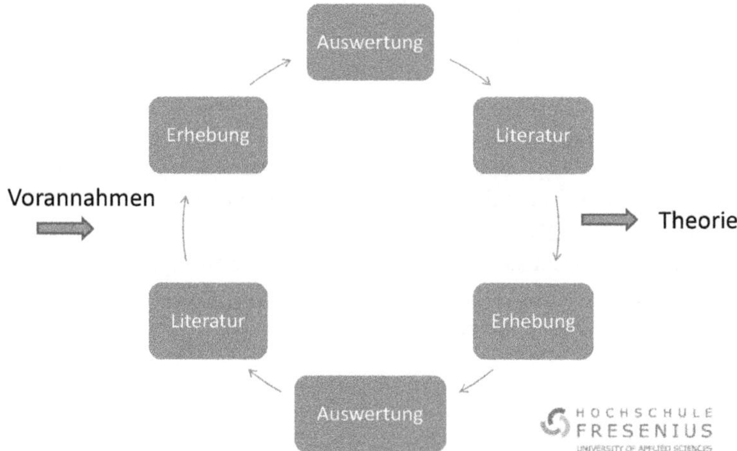

◘ **Abb. 6.2** Forschung als zirkulärer Prozess: Diese Abbildung illustriert die enge Verzahnung der
einzelnen Arbeitsschritte in qualitativen Studien, in denen die Literaturarbeit, Datenerhebung und
deren Auswertung nicht klar voneinander getrennt werden können

theoretische Fundament erst im Zuge der Erhebung und Auswertung der Daten herausgearbeitet (Flick 2012, S. 74 ff.). Die **Literaturarbeit vor der Datenerhebung** dient hierbei der Einordnung und Kontextualisierung des gewählten Themas, der Sichtung des bisherigen Stands der Forschung sowie der methodischen Ansätze, die in bisherigen Studien im Themenbereich verwendet wurden. Das durch die Auseinandersetzung mit der Literatur im Vorfeld der Datenerhebung entstehende Verständnis des Untersuchungsgegenstandes ist lediglich vorläufiger Natur. Es wird im Laufe des Forschungsprozesses im Rahmen der Analyse der Daten re- bzw. weiter ausformuliert (Flick 2012, S. 74 ff.).

Eine Kernrolle im Arbeitsprozess spielt demnach die **Literaturarbeit nach der Datenerhebung.** Erst im Prozess der Datenauswertung wird Schritt für Schritt klar, welche Erkenntnisse die Daten ans Tageslicht bringen, sodass sich demnach auch erst im Zuge der Auswertung herauskristallisiert, welche Literatur zur Erklärung der gefundenen Ergebnisse beitragen kann.

> **Die Literatur, die Sie verwenden, um die Zielstellung und Forschungsfrage in einem qualitativen Projekt zu formulieren, muss nicht notwendigerweise gleichzeitig die Literatur sein, die die jeweiligen Forschungsergebnisse erklärt.**

Der Arbeitsprozess ist in qualitativen Projekten sehr viel offener gestaltet als in einem Projekt mit quantitativer Vorgehensweise. Hussy et al. (2013, S. 191) sprechen in diesem Zusammenhang von „emergenter Flexibilität", was bedeutet, dass „Merkmale des Gegenstandes, die für das weitere Vorgehen relevant sind, oft erst im Untersuchungsverlauf erkennbar" sind (Hussy et al. 2013, S. 191). Um den im Prozess entstehenden Erkenntnissen und Einsichten gerecht zu werden, kann es demnach notwendig sein, im Laufe des Projektes die Zielsetzung und die Fragestellung (geringfügig) zu modifizieren und einzelne Schritte der methodischen Vorgehensweise im Hinblick auf die Stichprobe, die Datenerhebung und/oder die Auswertung anzupassen.

Offenheit und Flexibilität im qualitativen Forschungsprozess bedeuten hierbei jedoch nicht, dass Forschende auf eine klare Zielsetzung des Projektes zu Beginn verzichten können. Ganz im Gegenteil: Auch in qualitativen Projekten ist es unerlässlich, zu Beginn eine klare Zielstellung zu formulieren. Vielmehr beruht die mögliche Notwendigkeit der Re-Formulierung des Untersuchungsziels und der Forschungsfrage darauf, dass erst die Auseinandersetzung mit den ersten erhobenen Daten Klarheit bringt, wonach konkret Ausschau gehalten werden kann und was die Daten ans Tageslicht bringen sollen. Dieses flexible Vorgehen spiegelt die erkennende Natur der qualitativen Forschung wider. Nach Flick (2012, S. 126) liegt „gerade in dieser Zirkularität eine Stärke des Ansatzes, da sie – zumindest, wenn sie konsequent angewendet wird – zu einer permanenten Reflexion des gesamten Forschungsvorhabens und seiner Teilschritte im Licht der anderen Schritte zwingt."

Beispiel

Eine Studierende möchte in einer qualitativen Studie die Belastungen von Studierenden erfassen, die ihr Studium berufsbegleitend durchlaufen. Sie sichtet dazu unter anderem die Literatur zum Thema Stress. Auf dieser Basis entwickelt sie einen entsprechenden Interviewleitfaden. Schon in den ersten Interviews wird die Tendenz erkennbar, dass die Befragten mit ihrem Alltag von Studium und Beruf relativ souverän umgehen. Die Studierende wird unsicher – wollte sie nicht die Belastungen untersuchen, denen berufsbegleitend Studierende ausgesetzt sind, die aber nun gar nicht oder nur kaum thematisiert werden? Die Studierende passt ihre Forschungsfrage an, was der Natur der qualitativen Forschung entspricht, denn erst die Erhebung der Daten bringt Klarheit, wonach genau Ausschau gehalten wird. Anstelle der Fokussierung auf die Belastungen, denen die untersuchten Studierenden ausgesetzt sind, konzentriert sie ihre Fragestellung nun auf die Strategien, mit denen die Befragten ihren Alltag bewältigen. Nach der Erhebung und Analyse weiterer Daten schreibt sie ihren Literaturteil und die theoretischen Grundlagen um. Datenerhebung, Datenanalyse und Literaturarbeit verlaufen nicht als separate Arbeitsschritte, sondern greifen ineinander; sie überschneiden sich und finden parallel statt. Die zirkuläre, emergente Arbeitsweise wirkt sich auf den Schreibprozess aus. So wird die Studierende ihren Literatur- bzw. Theorieteil bei der Durchführung einer qualitativen Studie im Unterschied zu quantitativen Projekten nicht bereits vor, sondern im Regelfall erst nach der Erhebung und Interpretation der Daten final abschließen können.

? Fragen

1. Welche Schritte umfasst die lineare Abfolge des Arbeitsprozesses in quantitativen Forschungsprojekten?
2. Was verbirgt sich hinter der Zirkularität des Arbeitsprozesses in qualitativen Forschungsprojekten?
3. Welche Stufen der Literaturarbeit sind in qualitativen Forschungsprojekten im Regelfall nötig?

✓ Antworten

1. Im linearen Arbeitsprozess der quantitativen Forschung sichten die Forschenden zunächst die Literatur und überlegen, welche Modelle und Theorien mögliche Zusammenhänge im Hinblick auf die Forschungsfrage erklären könnten. Es werden (in der Regel) Hypothesen formuliert. Dazu werden die relevanten Phänomene operationalisiert und in Variablen zerlegt, deren Wirkung bzw. Zusammenhänge dann im Zuge der Datenerhebung geprüft werden. Nach der Datenerhebung werden die Daten ausgewertet und die Hypothesen geprüft. Konzeptionell-theoretische, methodische und empirische Schritte sind im Regelfall klar voneinander getrennt und werden nacheinander durchgeführt und niedergeschrieben.
2. Unter der Zirkularität des Arbeitsprozesses in qualitativen Studien versteht man die wechselseitige Abhängigkeit der einzelnen Arbeitsschritte und

Bausteine. Im Unterschied zur linearen Vorgehensweise quantitativer Projekte mit klar voneinander abgegrenzten, nacheinander ausgeführten Schritten verlaufen Literaturarbeit, Datenerhebung und Datenauswertung in qualitativen Projekten eng miteinander verzahnt, sich überschneidend und teils parallel. Der Arbeitsprozess ist offen gestaltet.

3. Von der Literaturarbeit vor der Datenerhebung ist in qualitativen Projekten die Literaturarbeit nach der Datenerhebung zu unterscheiden. Die Literaturarbeit vor der Datenerhebung dient der Einordnung und Kontextualisierung des gewählten Themas, der Sichtung des bisherigen Stands der Forschung sowie der methodischen Ansätze, die in bisherigen Studien im Themenbereich verwendet wurden. Das durch die Auseinandersetzung mit der Literatur im Vorfeld der Datenerhebung entstehende Verständnis des Untersuchungsgegenstandes ist jedoch lediglich vorläufiger Natur. Von besonderer Relevanz im Arbeitsprozess ist die Literaturarbeit nach der Datenerhebung. Diese erfolgt, wenn im Prozess der Datenauswertung Schritt für Schritt klar wird, welche Erkenntnisse die Daten ans Tageslicht bringen und wenn somit recherchiert werden kann, welche theoretischen Ansätze zur Erklärung der gefundenen Ergebnisse beitragen können.

Zusammenfassung und Fazit

Die verschiedenen Denkweisen, Fragestellungen und Antwortstrategien in quantitativen und qualitativen Forschungsansätzen finden ihre Reflexion in völlig unterschiedlichen Arbeitsprozessen, die wir in diesem Kapitel beleuchtet haben. Während sich der Arbeitsprozess in quantitativen Projekten als lineare Abfolge einer Reihe von Schritten darstellt, die unabhängig voneinander und nacheinander ausgeführt werden, ist der Arbeitsprozess in qualitativen Forschungsprojekten zirkulär. Hier zeichnet sich der Arbeitsablauf durch die wechselseitige Abhängigkeit der einzelnen Schritte aus. Im Forschungsprozess erfolgen Literaturarbeit, Datenerhebung und Datenauswertung nicht linear und voneinander isoliert, sondern eng miteinander verzahnt, sich überschneidend und teils parallel. Der Prozess ist offen gestaltet und eventuelle Anpassungen von Ziel und Vorgehen bringen die erkennende Natur qualitativer Forschung zum Ausdruck. Die Literaturarbeit, die zu Beginn einer Untersuchung erfolgt, um die Zielstellung und Forschungsfrage zu formulieren, wird ergänzt durch die unerlässliche Literaturarbeit während und nach der Datenerhebung, im Rahmen derer die Literatur gesichtet wird, die die jeweiligen Forschungsergebnisse erklärt oder erklären könnte. An dieser Stelle wird auch der Bezug zur abduktiven Denklogik erkennbar. Die unterschiedlich verlaufenden Arbeitsprozesse in quantitativen und qualitativen Projekten sind somit eine unmittelbare und natürliche Folge der verschiedenen Denkweisen, der zu untersuchenden Fragestellungsarten und der jeweils verwendeten Antwortstrategie.

Literatur

Blaikie, N. (2010). *Designing social research. The logic of anticipation* (2. Aufl.). Cambridge: Polity.
Flick, U. (2012). *Qualitative Sozialforschung. Eine Einführung* (5. Aufl.). Reinbek bei Hamburg: Rowohlt Taschenbuch.
Hussy, W., Schreier, M., & Echterhoff, G. (2013). *Forschungsmethoden in Psychologie und Sozialwissenschaften für Bachelor* (2. Aufl.). Berlin: Springer.

Abschließende Gedanken zur ganzheitlichen Gegenüberstellung quantitativer und qualitativer Forschung

Die Relevanz einer ganzheitlichen Gegenüberstellung quantitativer und qualitativer Forschung in unserer heutigen Zeit

Ausgehend von der Problematik oftmals bestehender gegenseitiger Vorbehalte war es das Ziel dieses Buchs, ein ganzheitliches Verständnis der Unterscheidung zwischen quantitativen und qualitativen Forschungsansätzen zu vermitteln. Dazu haben wir die Unterschiede zwischen diesen beiden Vorgehensweisen auf verschiedenen Ebenen betrachtet:

- Anderes Denken
- Andere Zielsetzungen und Fragestellungen, sowie Antwortstrategien und Ergebnisse
- Andere Arbeitsprozesse

Wir haben gesehen, dass verschiedene wissenschaftstheoretische Denkweisen, Annahmen und Menschenbilder das Fundament für die Unterscheidung zwischen quantitativen und qualitativen Verfahren bilden. Diese Differenzierung dient als Ausgangsbasis für die Formulierung unterschiedlicher Zielsetzungen und Forschungsfragen, die in einem Projekt verfolgt werden. So unterschiedlich die Natur der jeweiligen Forschungsfrage ist, so verschieden sind auch die Strategien, die Sie kennengelernt haben, um die Fragen zu beantworten. Dies geht wiederum einher mit unterschiedlichen Erwartungen an die jeweilige Natur der Ergebnisse und den damit verbundenen Arbeitsprozess. Die unterschiedlichen Denkweisen prägen – oftmals unbewusst und im Verborgenen – die Formulierung von Zielsetzung und Fragestellung, die Suche nach den Antworten sowie die Verwendung der entsprechenden Ergebnisse. All dies spiegelt sich im jeweiligen Arbeitsprozess wider. Diese Zusammenhänge sind als Synthese der verschiedenen Ebenen der Gegenüberstellung, und damit auch der Kapitel in diesem Buch, in ◘ Abb. 7.1 grafisch dargestellt.

Ausgehend von der zentralen Argumentation, dass eine Unterscheidung der beiden Ansätze weitaus mehr umfasst als eine reine Differenzierung derselben auf Basis der Forschungsmethoden, sollten die Ausführungen in diesem Buch verdeutlichen, was das „weitaus mehr" umfasst und ausmacht. Bei einer ganzheitlichen Betrachtung der Gegenüberstellung quantitativer und qualitativer Ansätze steht die Frage „Machen

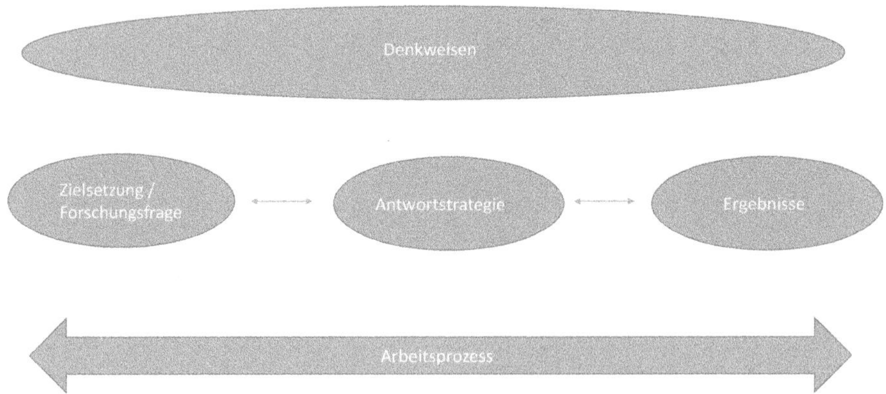

◘ **Abb. 7.1**   Der Zusammenhang der Ebenen der Gegenüberstellung quantitativer und qualitativer Ansätze

wir einen Fragebogen oder führen wir Interviews?" nicht zu Beginn eines Untersuchungsprojekts, sondern die Antwort auf diese methodische Entscheidungsfrage ergibt sich als Folge der zuvor erfolgten Überlegungen zur Zielsetzung eines Projektes sozusagen automatisch. Damit verstehen sich die Ausführungen in diesem Buch als eine Art weiterführende Interpretation des Grundsatzes der Angemessenheit der Methoden für die zu untersuchende Fragestellung (Flick 2012; Flick et al. 2012). Bei diesem Grundsatz, der im Kern als eines der Schlüsselprinzipien der qualitativen Forschung gilt, sich aber auf die Idee dieses Buchs übertragen lässt, geht es darum zu verstehen, bei welcher Art von Fragestellung welche Art von Forschungsansatz bzw. –methode angemessen zum Ziel führt. Der zu untersuchenden Gegenstand ist hierbei der Bezugspunkt für die Auswahl von Methoden und nicht umgekehrt (Flick 2012; Flick et al. 2012). Dies gilt jedoch nicht nur in Bezug auf qualitative Forschung an sich, sondern auch im Hinblick auf die Entscheidung über die Verwendung eines qualitativen oder quantitativen Verfahren in einem Untersuchungsprojekt. Auch hier geht es darum zu prüfen und zu entscheiden, welcher Ansatz angemessen und fundiert zum Ziel führt.

Quantitative und qualitative Ansätze verfolgen beide das Ziel der Gewinnung von Erkenntnis. Je vielfältiger und komplexer unsere Welt wird, desto wichtiger wird es, die vielfältigen Möglichkeiten der Erkenntnisgewinnung zu verstehen und zu nutzen. Dabei geht es in erster Linie darum, anzuerkennen und zu respektieren, was die jeweilig andere Seite in Bezug auf die Gewinnung von Erkenntnis erreichen kann und will, und was nicht. Der Erkenntnisgewinn durch Verallgemeinerung ist etwas völlig anderes als der Erkenntnisgewinn durch tiefgehende Einzelfallanalysen. Beide Arten des Erkenntnisgewinns liefern Mehrwert und können sich gegenseitig befruchten, wenn sich beide Seiten ganzheitlich verstehen, wenn sie wissen, was sie selbst und die jeweils andere Seite in der Lage sind zu leisten, und wenn sie die Grenzen des Erkenntnisgewinns des jeweiligen Ansatzes kennen und respektieren. Die Ausführungen in diesem Buch sollen hierzu einen kleinen Beitrag leisten.

Beide Seiten denken und arbeiten anders, aber sie sind vereint durch das gemeinsame Ziel, die Welt besser zu verstehen, in der wir leben. Letzten Endes gelangen sie auf verschiedenen Wegen zum gemeinsamen Ziel.

Literatur

Flick, U. (2012). *Qualitative Sozialforschung. Eine Einführung* (5. Aufl.). Reinbek bei Hamburg: Rowohlt Taschenbuch.
Flick, U., von Kardorff, E., & Steinke, I. (Hrsg.). (2012). *Qualitative Forschung. Ein Handbuch* (9. Aufl.). Reinbek bei Hamburg: Rowohlt Taschenbuch.

Serviceteil

Sachverzeichnis – 57

Sachverzeichnis

GPSR Compliance
The European Union's (EU) General Product Safety Regulation (GPSR) is a set
of rules that requires consumer products to be safe and our obligations to
ensure this.

If you have any concerns about our products, you can contact us on

ProductSafety@springernature.com

In case Publisher is established outside the EU, the EU authorized
representative is:

Springer Nature Customer Service Center GmbH
Europaplatz 3
69115 Heidelberg, Germany